AF175718

Impressum
Verlag: BABADADA GmbH, Nedderfeld 112 , 22529 Hamburg
Geschäftsführer / Verlagsleitung: Harald Hof
Druck: Books on Demand GmbH, In de Tarpen 42, 22848 Norderstedt

Imprint
Publisher: BABADADA GmbH, Nedderfeld 112 , 22529 Hamburg, Germany
Managing Director / Publishing direction: Harald Hof
Print: Books on Demand GmbH, In de Tarpen 42, 22848 Norderstedt

Schule

σχολείο

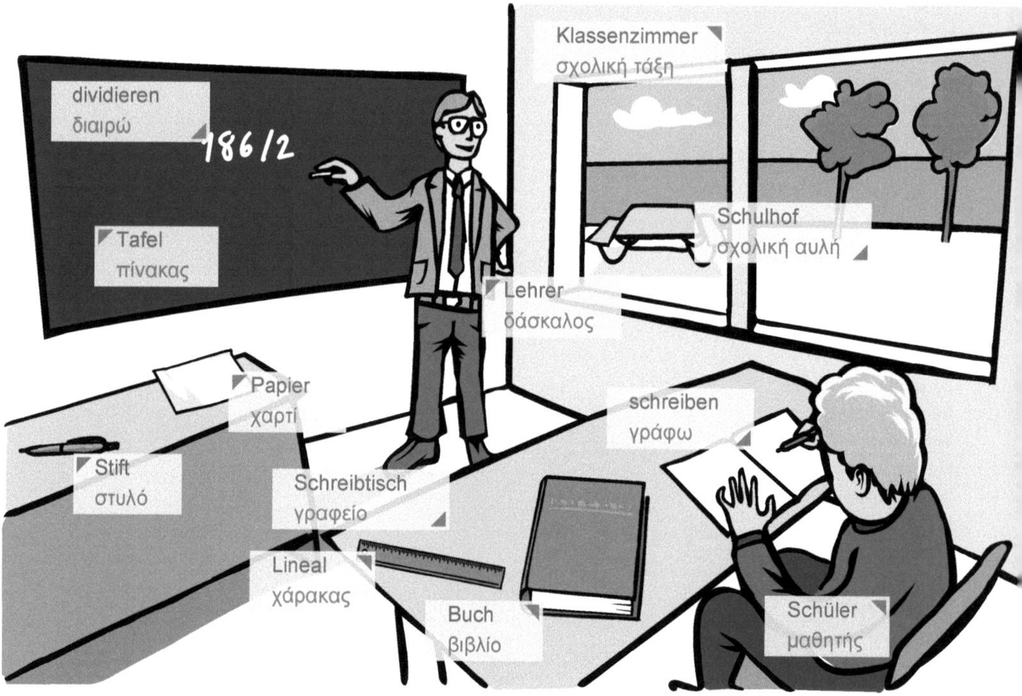
Klassenzimmer
σχολική τάξη
dividieren
διαιρώ
186/2
Tafel
πίνακας
Schulhof
σχολική αυλή
Lehrer
δάσκαλος
Papier
χαρτί
schreiben
γράφω
Stift
στυλό
Schreibtisch
γραφείο
Lineal
χάρακας
Buch
βιβλίο
Schüler
μαθητής

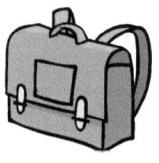

Schultasche
σχολική τσάντα

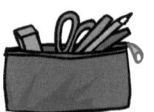

Federmappe
κασετίνα/ μολυβοθήκη

Bleistift
μολύβι

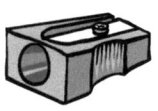

Bleistiftspitzer
ξύστρα

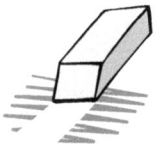

Radierer
γόμα

Zeichenblock
μπλοκ ζωγραφικής

Zeichnung

ζωγραφική

Pinsel

πινέλο

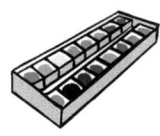

Malkasten

κουτί χρωμάτων

Schere

ψαλίδι

Klebstoff

κόλλα

Übungsheft

τετράδιο ασκήσεων

Hausübung

εργασία για το σπίτι

12

Zahl

αριθμός

2+2

addieren

προσθέτω

5-2

subtrahieren

αφαιρώ

2×2

multiplizieren

πολλαπλασιάζω

rechnen

υπολογίζω

Buchstabe

γράμμα

ABCDEFG HIJKLMN OPQRSTU VWXYZ

Alphabet

αλφάβητο

hello

Wort

λέξη

Text
κείμενο

lesen
διαβάζω

Kreide
κιμωλία

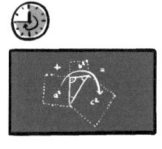

Unterrichtsstunde
μάθημα

Klassenbuch
εγγράφομαι

Prüfung
τεστ

Zeugnis
πιστοποιητικό

Schuluniform
μαθητική στολή

Ausbildung
εκπαίδευση

Lexikon
εγκυκλοπαίδεια

Universität
πανεπιστήμιο

Mikroskop
μικροσκόπιο

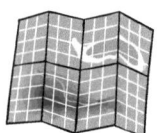

Karte
χάρτης

Papierkorb
καλάθι αχρήστων

Hotel
ξενοδοχείο

Grand

Herberge
ξενώνας

ROOMS

Wechselstube
ανταλλακτήρια συναλλάγματος

EXCHANGE

Koffer
βαλίτσα

Auto
αυτοκίνητο

Sprache

γλώσσα

ja / nein

ναι / όχι

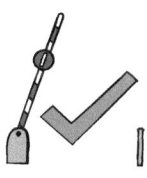

Okay

εντάξει

Hallo

γεια σου

Dolmetscherin

μεταφραστής

Danke

Ευχαριστώ

Wie viel kostet …?

πόσο κάνει ;

Ich verstehe nicht.

Δε καταλαβαίνω

Problem

πρόβλημα

Guten Abend!

Καλησπέρα!

Guten Morgen!

Καλημέρα!

Gute Nacht!

Καληνύχτα!

Auf Wiederschaun!

Αντίο

Richtung

κατεύθυνση

Gepäck

αποσκευές

Tasche

τσάντα

Rucksack

σακίδιο πλάτης

Gast

καλεσμένος

Zimmer

δωμάτιο

Schlafsack

υπνόσακος

Zelt

σκηνή

Touristeninformation

τουριστικές πληροφορίες

Strand

παραλία

Kreditkarte

πιστωτική κάρτα

Frühstück

πρωινό

Mittagessen

μεσημεριανό

Abendessen

δείπνο

Fahrkarte

εισιτήριο

Lift

ανελκυστήρας

Briefmarke

γραμματόσημο

Grenze

σύνορα

Zoll

τελωνείο

Botschaft

πρεσβεία

Visum

βίζα

Pass

διαβατήριο

Transport
μεταφορά

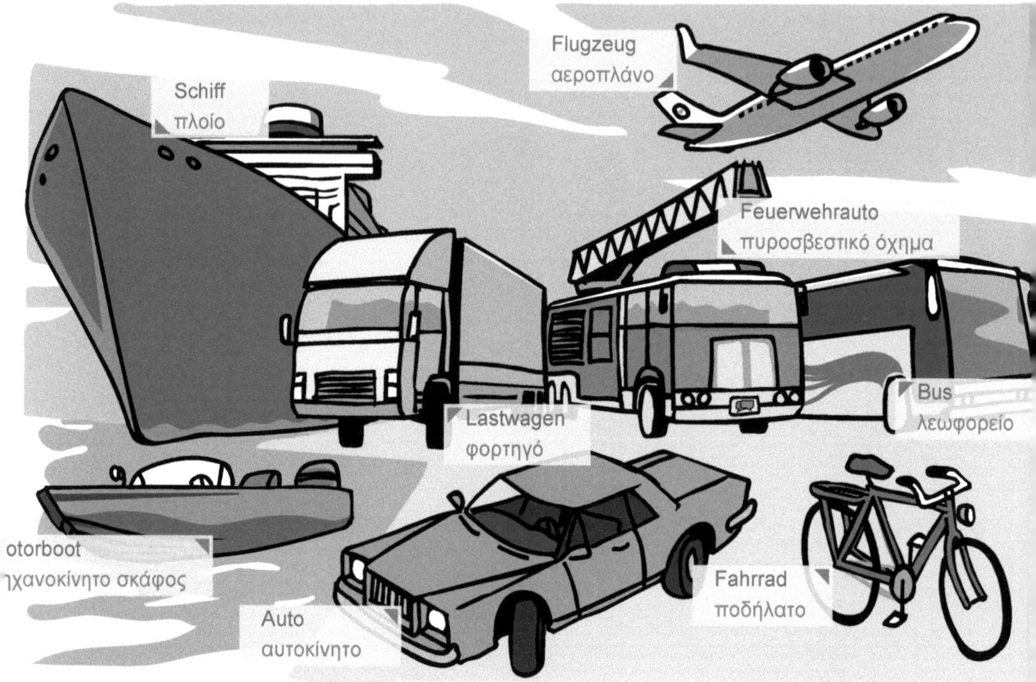

Flugzeug
αεροπλάνο
Schiff
πλοίο
Feuerwehrauto
πυροσβεστικό όχημα
Lastwagen
φορτηγό
Bus
λεωφορείο
otorboot
ηχανοκίνητο σκάφος
Fahrrad
ποδήλατο
Auto
αυτοκίνητο

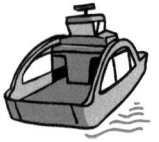

Fähre
....
φεριμπότ

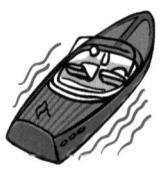

Boot
....
βάρκα

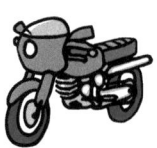

Motorrad
....
μοτοσικλέτα

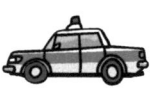

Polizeiauto
....
περιπολικό

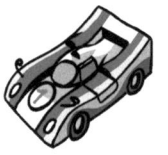

Rennauto
....
αγωνιστικό αυτοκίνητο

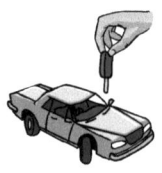

Mietwagen
....
ενοικιαζόμενο αυτοκίνητο

Carsharing

ιαμοιρασμός αυτοκινήτων

Abschleppwagen

γερανός

Müllwagen

απορριμματοφόρο

Motor

κινητήρας

Kraftstoff

καύσιμο

Tankstelle

βενζινάδικο

Verkehrsschild

πινακίδα σήμανσης

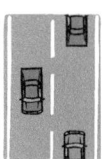

Verkehr

κυκλοφορία

Stau

κυκλοφοριακή συμφόρηση

Parkplatz

χώρος στάθμευσης

Bahnhof

σιδηροδρομικός σταθμός

Schienen

σιδηροδρομικές γραμμές

Zug

τρένο

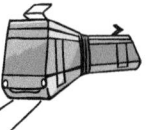

Straßenbahn

τραμ

Wagon

βαγόνι

Hubschrauber

ελικόπτερο

Flughafen

αεροδρόμιο

Tower

πύργος

Passagier

επιβάτης

Container

εμπορευματοκιβώτιο

Karton

χαρτοκιβώτιο

Rollwagen

καρότσι

Korb

καλάθι

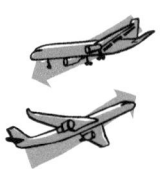

starten / landen

απογειώνομαι /
προσγειόνομαι

Stadt
πόλη

Dorf

χωριό

Stadtzentrum

κέντρο της πόλης

Haus

σπίτι

10

Stadt - πόλη

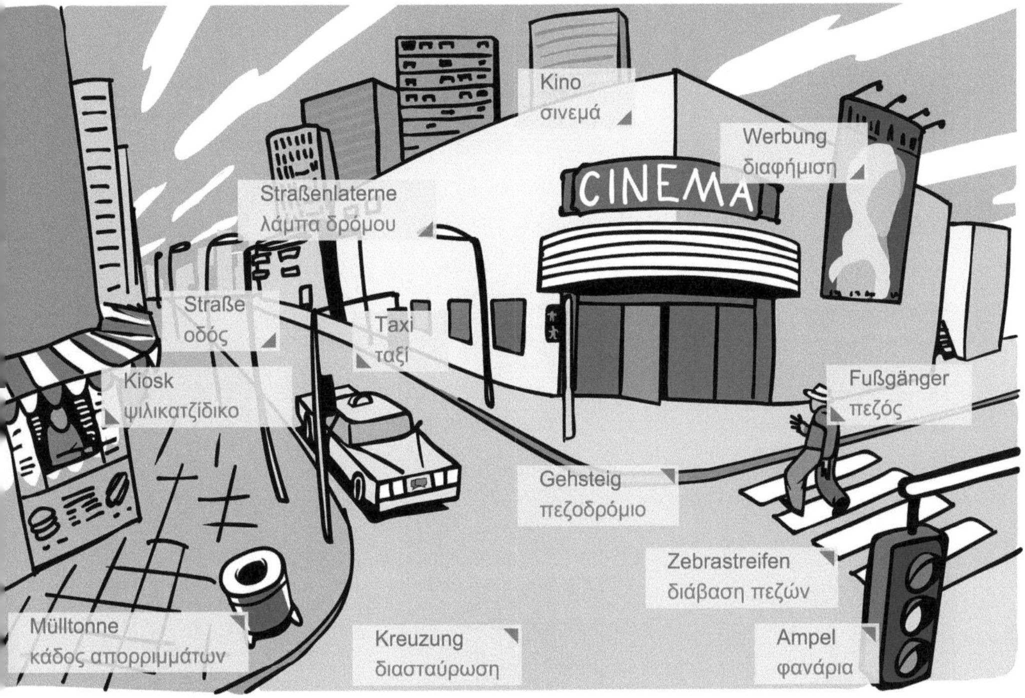

Kino
σινεμά

Werbung
διαφήμιση

Straßenlaterne
λάμπα δρόμου

Straße
οδός

Taxi
ταξί

Kiosk
ψιλικατζίδικο

Fußgänger
πεζός

Gehsteig
πεζοδρόμιο

Zebrastreifen
διάβαση πεζών

Mülltonne
κάδος απορριμμάτων

Kreuzung
διασταύρωση

Ampel
φανάρια

CINEMA

Hütte
καλύβα

Wohnung
διαμέρισμα

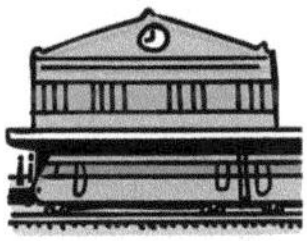

Bahnhof
σιδηροδρομικός σταθμός

Rathaus
δημαρχείο

Museum
μουσείο

Schule
σχολείο

Universität

πανεπιστήμιο

Bank

τράπεζα

Spital

νοσοκομείο

Hotel

ξενοδοχείο

Apotheke

φαρμακείο

Büro

γραφείο

Buchhandlung

βιβλιοπωλείο

Geschäft

κατάστημα

Blumenladen

ανθοπωλείο

Supermarkt

σούπερ μάρκετ

Markt

αγορά

Kaufhaus

πολυκατάστημα

Fischhändler

ιχθυοπωλείο

Einkaufszentrum

εμπορικό κέντρο

Hafen

λιμάνι

Park

πάρκο

Bank

παγκάκι

Brücke

γέφυρα

Stiege

σκάλες

U-Bahn

μετρό

Tunnel

τούνελ

Bushaltestelle

στάση λεωφορείου

Bar

μπαρ

Restaurant

εστιατόριο

Briefkasten

γραμματοκιβώτιο

Straßenschild

πινακίδα δρόμου

Parkuhr

παρκόμετρο

Zoo

ζωολογικός κήπος

Badeanstalt

πισίνα

Moschee

τζαμί

Bauernhof

αγρόκτημα

Umweltverschmutzung

ρύπανση

Friedhof

νεκροταφείο

Kirche

εκκλησία

Spielplatz

παιδική χαρά

Tempel

ναός

Landschaft

τοπίο

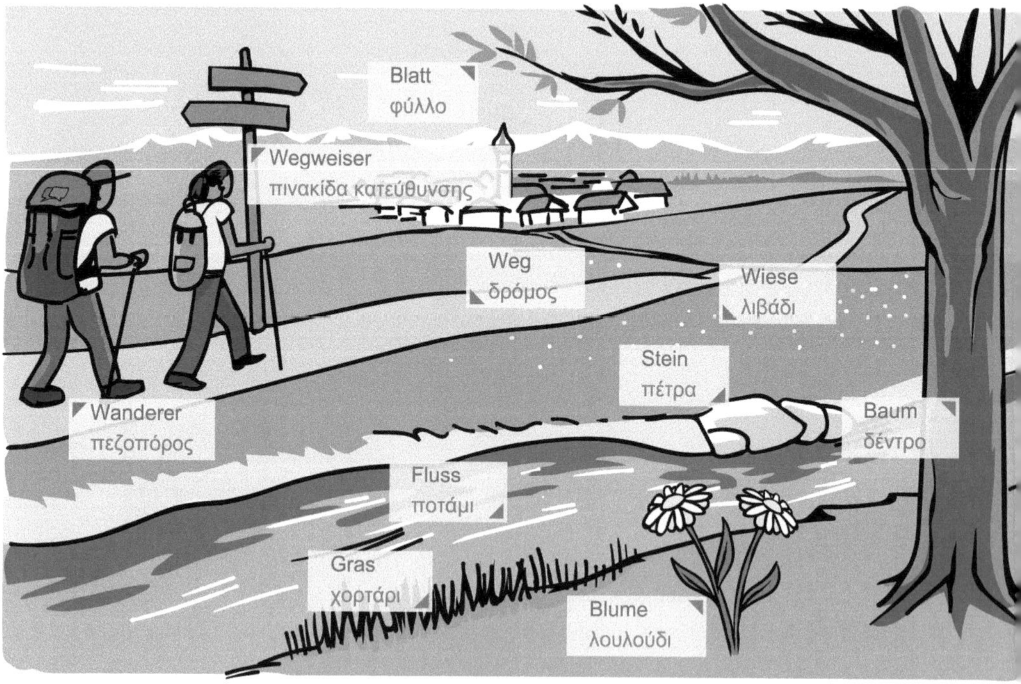

Blatt
φύλλο

Wegweiser
πινακίδα κατεύθυνσης

Weg
δρόμος

Wiese
λιβάδι

Stein
πέτρα

Baum
δέντρο

Wanderer
πεζοπόρος

Fluss
ποτάμι

Gras
χορτάρι

Blume
λουλούδι

Tal

κοιλάδα

Hügel

λόφος

See

λίμνη

Wald

δάσος

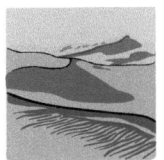

Wüste

έρημος

Vulkan

ηφαίστειο

Schloss

κάστρο

Regenbogen

ουράνιο τόξο

Pilz

μανιτάρι

Palme

φοίνικας

Moskito

κουνούπι

Fliege

μύγα

Ameise

μυρμήγκι

Biene

μέλισσα

Spinne

αράχνη

Käfer

σκαθάρι

Frosch

βάτραχος

Eichhörnchen

σκίουρος

Igel

σκαντζόχοιρος

Hase

λαγός

Eule

κουκουβάγια

Vogel

πουλί

Schwan

κύκνος

Wildschwein

αγριογούρουνο

Hirsch

ελάφι

Elch

άλκη

Staudamm

φράγμα

Windrad

ανεμογεννήτρια

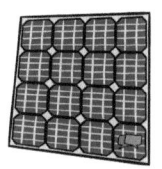

Solarmodul

ηλιακός συλλέκτης

Klima

κλίμα

Restaurant

εστιατόριο

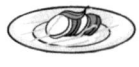

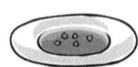

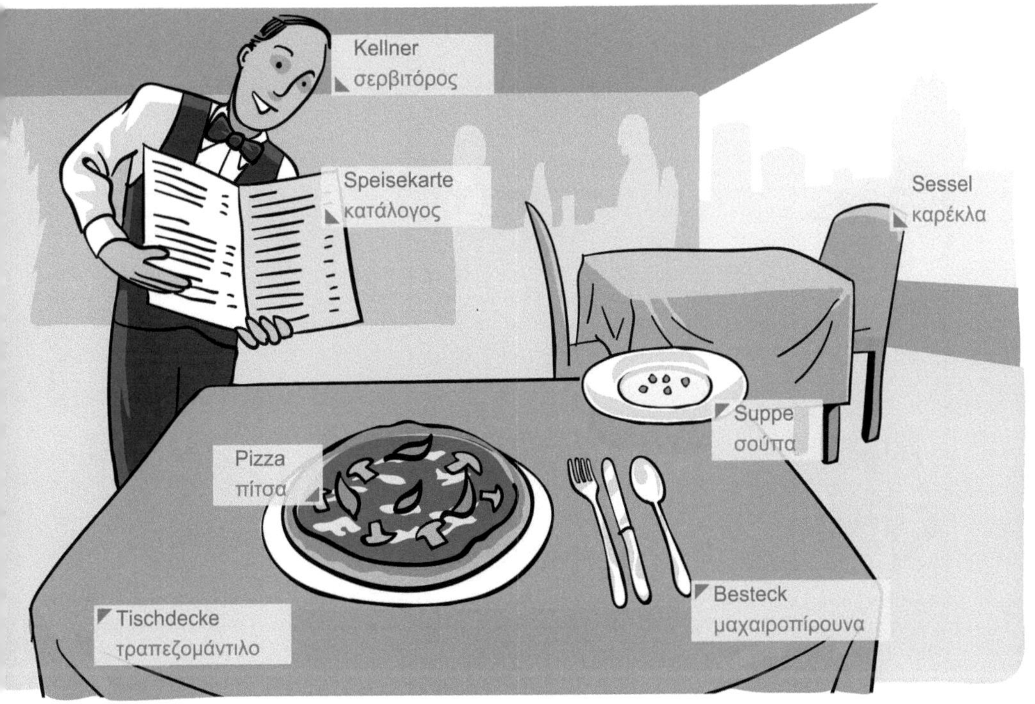

Kellner
σερβιτόρος
Speisekarte
κατάλογος
Sessel
καρέκλα
Suppe
σούπα
Pizza
πίτσα
Besteck
μαχαιροπίρουνα
Tischdecke
τραπεζομάντιλο

Vorspeise
....
ορεκτικό

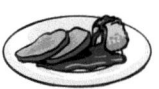

Hauptgericht
....
κύριο πιάτο

Nachspeise
....
επιδόρπιο

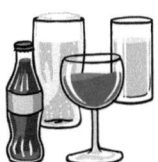

Getränke
....
ποτά

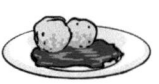

Essen
....
φαγητό

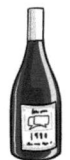

Flasche
....
μπουκάλι

Fastfood

φαστ φουντ

Streetfood

φαγητό στ' όρθιο

Teekanne

τσαγιέρα

Zuckerdose

δοχείο ζάχαρης

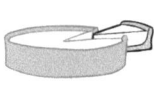

Portion

μερίδα

Espressomaschine

μηχανή εσπρέσο

Kinderstuhl

ψηλή καρέκλα

Rechnung

λογαριασμός

Tablett

δίσκος

Messer

μαχαίρι

Gabel

πιρούνι

Löffel

κουτάλι

Teelöffel

κουταλάκι του τσαγιού

Serviette

πετσέτα φαγητού

Glas

ποτήρι

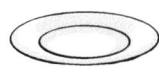		
Teller	Suppenteller	Untertasse
πιάτο	πιάτο σούπας	πιατάκι φλιτζανιού
	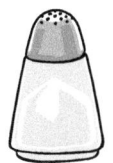	
Sauce	Salzstreuer	Pfeffermühle
σάλτσα	αλατιέρα	μύλος για πιπέρι
		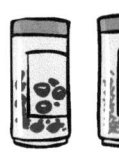
Essig	Öl	Gewürze
ξύδι	λάδι	μπαχαρικά

Ketchup	Senf	Mayonnaise
κέτσαπ	μουστάρδα	μαγιονέζα

Supermarkt

σούπερ μάρκετ

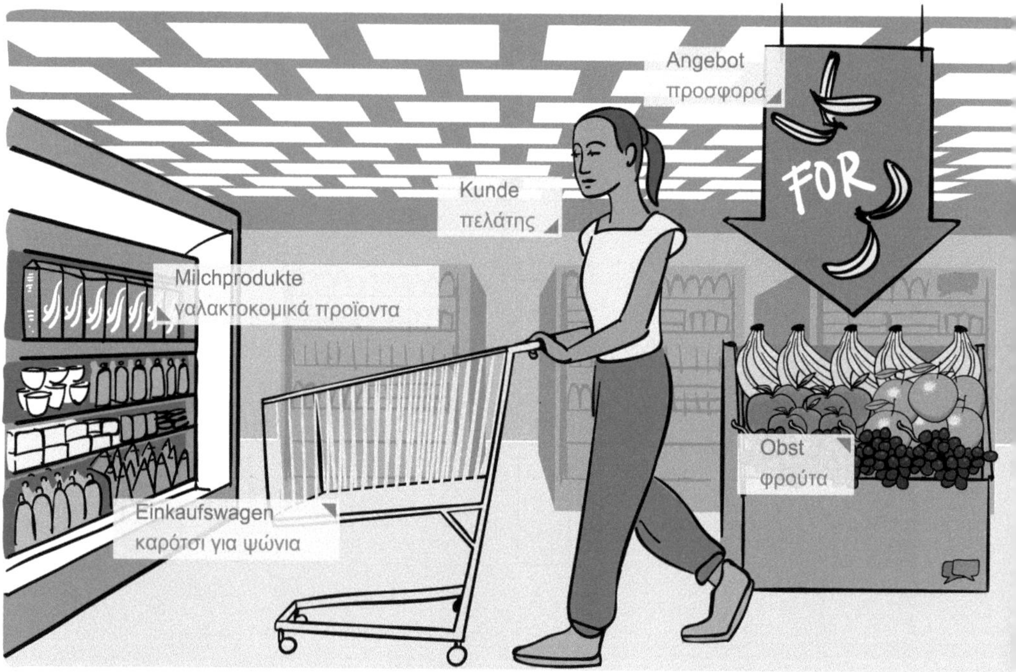

Angebot
προσφορά
FOR
Kunde
πελάτης
Milchprodukte
γαλακτοκομικά προϊόντα
Obst
φρούτα
Einkaufswagen
καρότσι για ψώνια

BUTCHERS

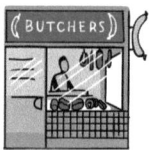

Schlachterei

κρεοπωλείο

BAKERY

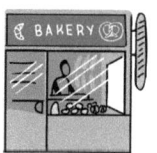

Bäckerei

φούρνος

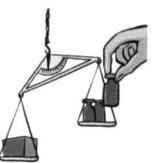

wiegen

ζυγίζω

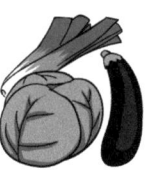

Gemüse

λαχανικά

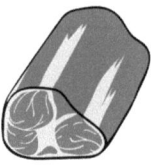

Fleisch

κρέας

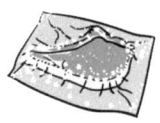

Tiefkühlkost

κατεψυγμένα τρόφιμα

Aufschnitt
αλλαντικά

Konserven
κονσερβοποιημένη τροφή

Waschmittel
απορρυπαντικό ρούχων

Süßigkeiten
γλυκά

Haushaltsartikel
οικιακά είδη

Reinigungsmittel
καθαριστικά προϊόντα

Verkäuferin
πωλήτρια

Kassa
ταμείο

Kassiererin
ταμίας

Einkaufsliste
λίστα για ψώνια

Öffnungszeiten
ωράριο λειτουργίας

Brieftasche
πορτοφόλι

Kreditkarte
πιστωτική κάρτα

Tasche
τσάντα

Plastiktüte
πλαστική σακούλα

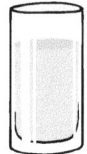

Wasser

νερό

Saft

χυμός

Milch

γάλα

Cola

κόκα κόλα

Wein

κρασί

Bier

μπίρα

Alkohol

αλκοόλ

Kakao

κακάο

Tee

τσάι

Kaffee

καφές

Espresso

εσπρέσο

Cappuccino

καπουτσίνο

Banane

μπανάνα

Apfel

μήλο

Orange

πορτοκάλι

Melone

πεπόνι

Zitrone

λεμόνι

Karotte

καρότο

Knoblauch

σκόρδο

Bambus

μπαμπού

Zwiebel

κρεμμύδι

Pilz

μανιτάρι

Nüsse

ξηροί καρποί

Nudeln

νούντλς

Spaghetti

μακαρόνια

Reis

ρύζι

Salat

σαλάτα

Pommes frites

πατατάκια

Bratkartoffeln

τηγανητές πατάτες

Pizza

πίτσα

Hamburger

χάμπουργκερ

Sandwich

σάντουιτς

Schnitzel

κοτολέτα

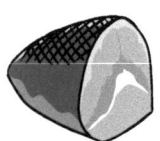

Schinken

ζαμπόν

Salami

σαλάμι

Wurst

λουκάνικο

Huhn

κοτόπουλο

Braten

ψητό

Fisch

ψάρι

Essen - φαγητό

Haferflocken

χυλός βρώμης

Müsli

μούσλι

Cornflakes

κορν φλέικς

Mehl

αλεύρι

Croissant

κρουασάν

Semmel

ψωμάκι

Brot

ψωμί

Toast

τοστ

Kekse

μπισκότα

Butter

βούτυρο

Topfen

τυρόπηγμα

Kuchen

κέικ

Ei

αυγό

Spiegelei

τηγανητό αυγό

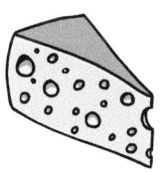

Käse

τυρί

Eiscreme

παγωτό

Zucker

ζάχαρη

Honig

μέλι

Marmelade

μαρμελάδα

Schokoladenaufstrich

άλλειμμα σοκολάτας

Curry

κάρυ

Bauernhof
αγρόκτημα

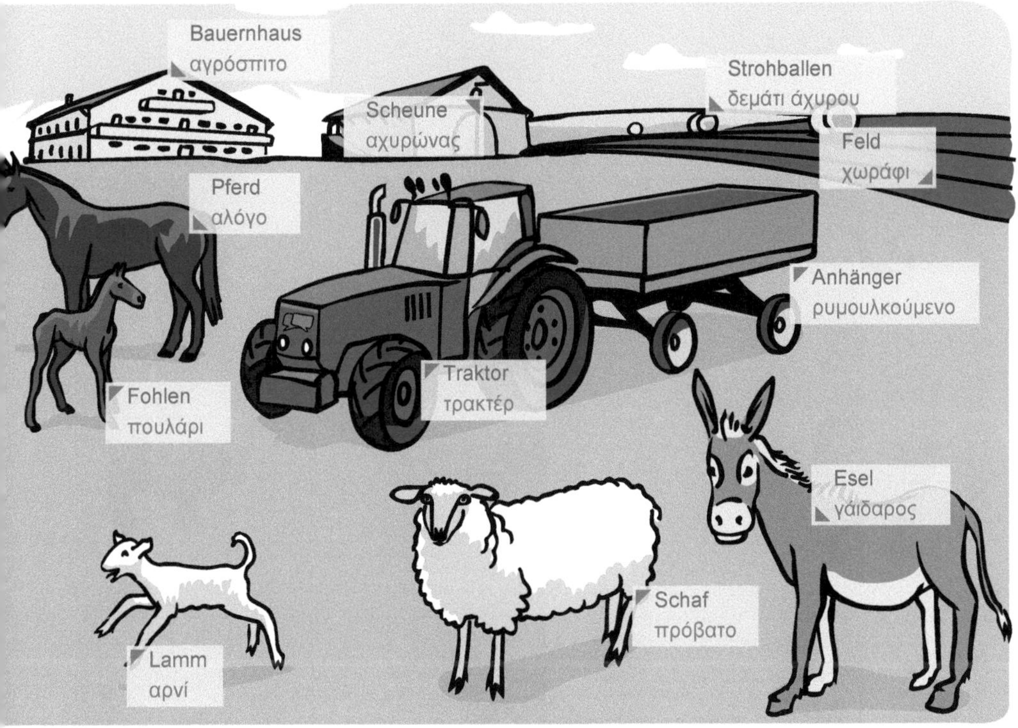

Bauernhaus
αγρόσπιτο
Scheune
αχυρώνας
Strohballen
δεμάτι άχυρου
Feld
χωράφι
Pferd
αλόγο
Anhänger
ρυμουλκούμενο
Traktor
τρακτέρ
Fohlen
πουλάρι
Esel
γάιδαρος
Schaf
πρόβατο
Lamm
αρνί

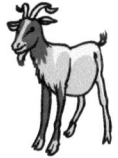

Ziege

κατσίκα

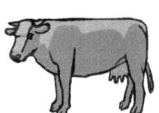

Kuh

αγελάδα

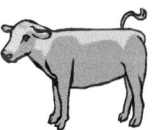

Kalb

μοσχαράκι

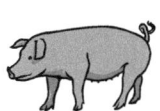

Schwein

γουρούνι

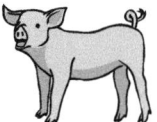

Ferkel

γουρουνάκι

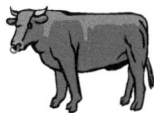

Stier

ταύρος

Gans

χήνα

Ente

πάπια

Küken

κοτοπουλάκι

Huhn

κότα

Hahn

κόκορας

Ratte

αρουραίος

Katze

γάτα

Maus

ποντίκι

Ochse

βόδι

Hund

σκύλος

Hundehütte

σπιτάκι σκύλου

Gartenschlauch

λάστιχο κήπου

Gießkanne

ποτιστήρι

Sense

θεριστήρι

Pflug

αλέτρι

Sichel

δρεπάνι

Hacke

τσάπα

Mistgabel

δίκρανο

Axt

τσεκούρι

Schubkarre

χειράμαξα

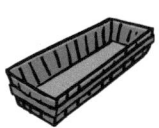

Trog

ταΐστρα

Milchkanne

δοχείο γάλακτος

Sack

σάκος

Zaun

φράχτης

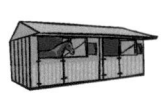

Stall

στάβλος

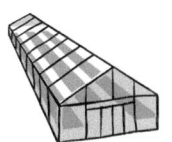

Treibhaus

θερμοκήπιο

Boden

έδαφος

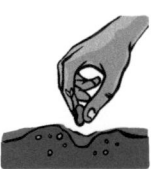

Saat

σπόρος

Dünger

λίπασμα

Mähdrescher

θεριζοαλωνιστική μηχανή

ernten

θερίζω

Ernte

συγκομιδή

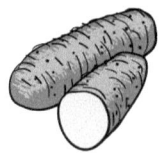

Yamswurzel

γιαμς

Weizen

σιτάρι

Soja

σόγια

Erdapfel

πατάτα

Mais

καλαμπόκι

Raps

κράμβη

Obstbaum

οπωροφόρο δέντρο

Maniok

μανιόκα

Getreide

δημητριακά

Haus
σπίτι

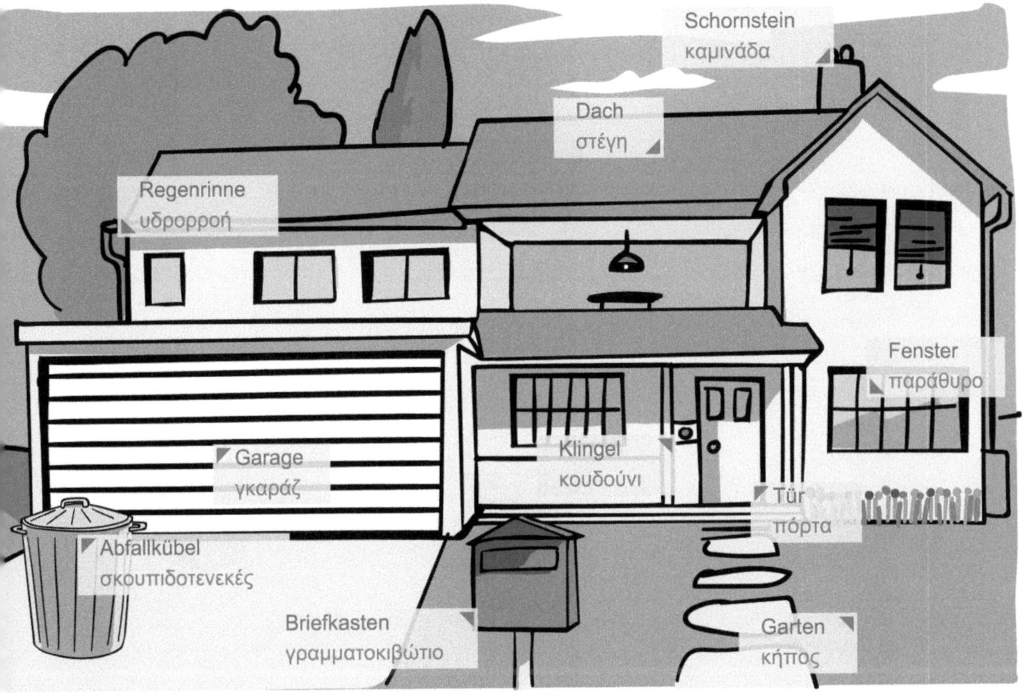
Schornstein
καμινάδα
Dach
στέγη
Regenrinne
υδρορροή
Fenster
παράθυρο
Garage
γκαράζ
Klingel
κουδούνι
Tür
πόρτα
Abfallkübel
σκουπιδοτενεκές
Briefkasten
γραμματοκιβώτιο
Garten
κήπος

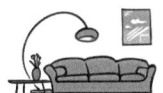

Wohnzimmer

σαλόνι

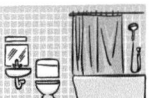

Badezimmer

μπάνιο

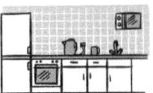

Küche

κουζίνα

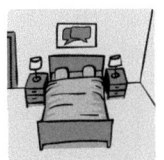

Schlafzimmer

υπνοδωμάτιο

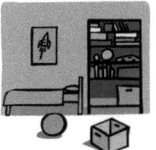

Kinderzimmer

παιδικό δωμάτιο

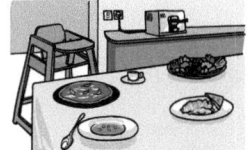

Esszimmer

τραπεζαρία

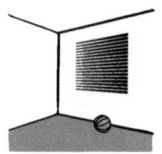

Boden

πάτωμα

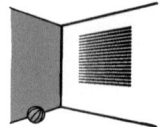

Wand

τοίχος

Decke

οροφή

Keller

κελάρι

Sauna

σάουνα

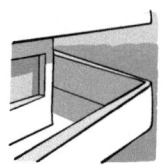

Balkon

μπαλκόνι

Terrasse

βεράντα

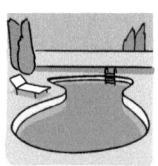

Schwimmbad

πισίνα

Rasenmäher

μηχανή του γκαζόν

Bettbezug

σεντόνι

Bettdecke

κάλυμμα κρεβατιού

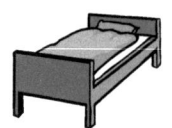

Bett

κρεβάτι

Besen

σκούπα

Kübel

κουβάς

Schalter

διακόπτης

Wohnzimmer
σαλόνι

Tapete
ταπετσαρία
Bild
φωτογραφία
Lampe
λάμπα
Regal
ράφι
Schrank
ντουλάπι
Fernseher
τηλεόραση
Kamin
τζάκι
Blume
λουλούδι
Polster
μαξιλάρι
Sofa
καναπές
Vase
βάζο
Fernbedienung
τηλεκοντρόλ

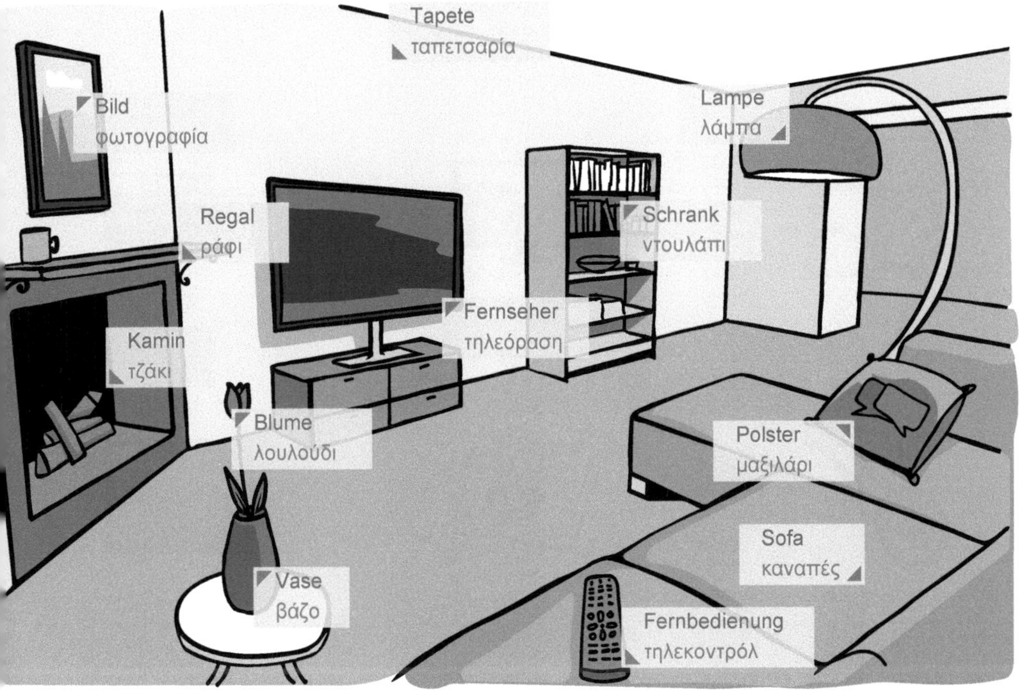

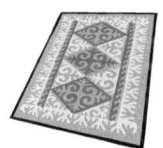

Teppich

χαλί

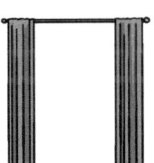

Vorhang

κουρτίνα

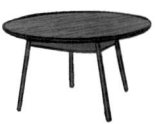

Tisch

τραπέζι

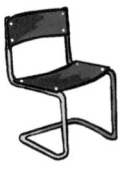

Sessel

καρέκλα

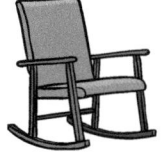

Schaukelstuhl

κουνιστή πολυθρόνα

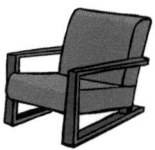

Sessel

πολυθρόνα

Buch

βιβλίο

Decke

κουβέρτα

Dekoration

διακόσμηση

Feuerholz

καυσόξυλα

Film

ταινία

Stereoanlage

στερεοφωνικό σύστημα

Schlüssel

κλειδί

Zeitung

εφημερίδα

Gemälde

πίνακας ζωγραφικής

Poster

αφίσα

Radio

ραδιόφωνο

Notizblock

σημειωματάριο

Staubsauger

ηλεκτρική σκούπα

Kaktus

κάκτος

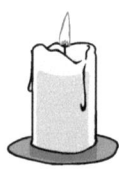

Kerze

κερί

Küche
κουζίνα

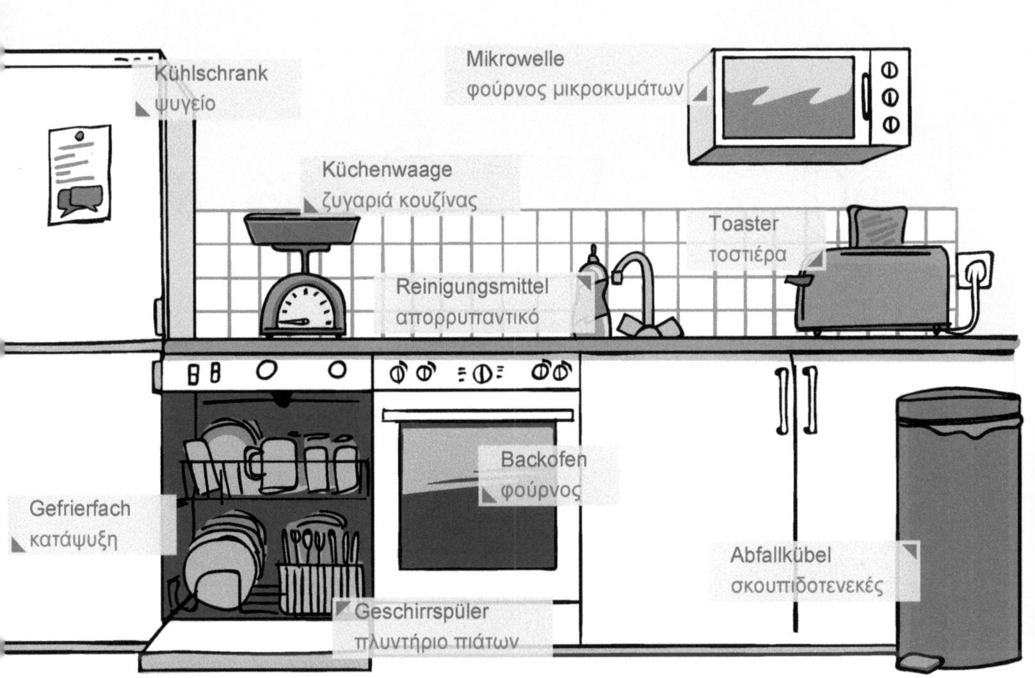
Kühlschrank
ψυγείο
Mikrowelle
φούρνος μικροκυμάτων
Küchenwaage
ζυγαριά κουζίνας
Toaster
τοστιέρα
Reinigungsmittel
απορρυπαντικό
Backofen
φούρνος
Gefrierfach
κατάψυξη
Abfallkübel
σκουπιδοτενεκές
Geschirrspüler
πλυντήριο πιάτων

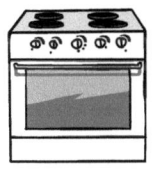

Herd

κουζίνα

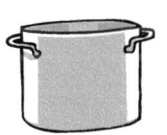

Topf

κατσαρόλα

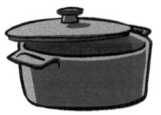

Eisentopf

μαντεμένια κατσαρόλα

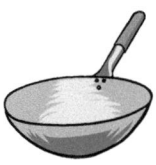

Wok / Kadai

γουόκ/καντάι

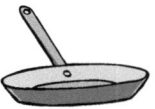

Pfanne

τηγάνι

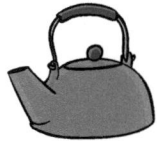

Wasserkocher

βραστήρας

Dampfgarer

ατμομάγειρας

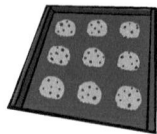

Backblech

ταψί

Geschirr

πιατικά

Becher

κούπα

Schale

μπολ

Essstäbchen

ξυλάκια

Schöpflöffel

κουτάλα

Pfannenwender

σπάτουλα

Schneebesen

ανακατεύω

Kochsieb

σουρωτήρι

Sieb

σουρωτηράκι

Reibe

τρίφτης

Mörser

γουδί

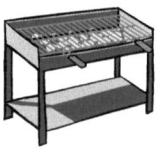

Grill

ψησταριά

Kaminfeuer

ανοιχτή φωτιά

Schneidebrett

σανίδα κοπής

Nudelholz

πλάστης

Korkenzieher

ανοιχτήρι φελλών

Dose

κονσέρβα

Dosenöffner

ανοιχτήρι κονσέρβας

Topflappen

γάντι φούρνου

Waschbecken

νεροχύτης

Bürste

βούρτσα

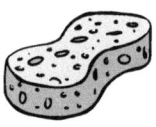

Schwamm

σφουγγάρι

Mixer

μπλέντερ

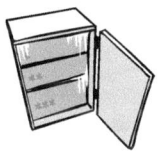

Gefriertruhe

καταψύκτης

Babyflasche

μπιμπερό

Wasserhahn

βρύση

Küche - κουζίνα

Badezimmer
μπάνιο

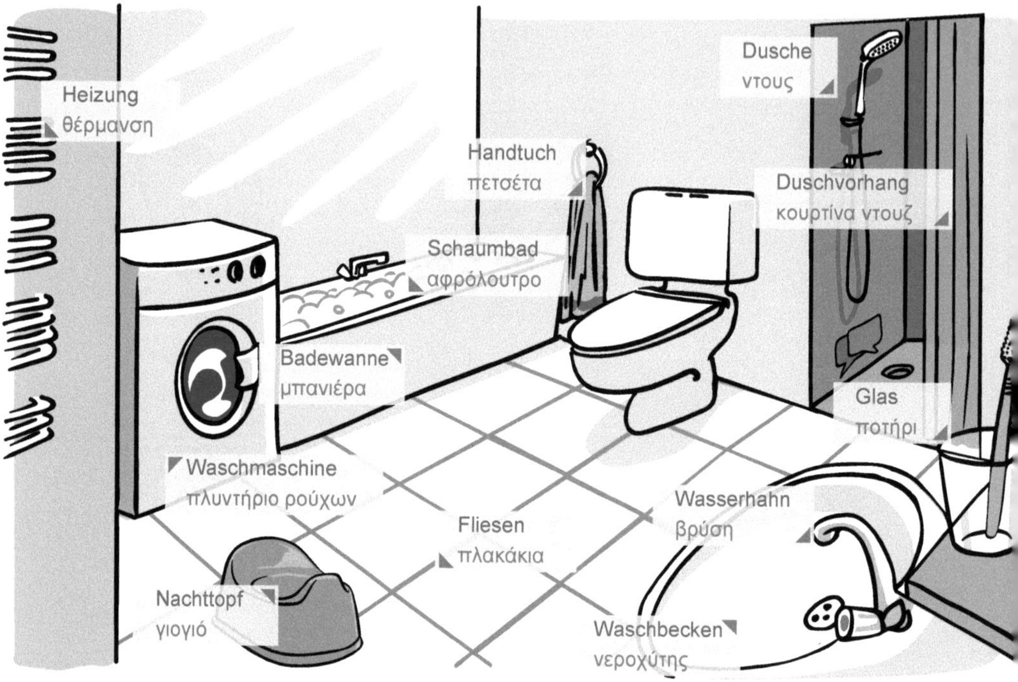

Dusche
ντους
Heizung
θέρμανση
Handtuch
πετσέτα
Duschvorhang
κουρτίνα ντουζ
Schaumbad
αφρόλουτρο
Badewanne
μπανιέρα
Glas
ποτήρι
Waschmaschine
πλυντήριο ρούχων
Wasserhahn
βρύση
Fliesen
πλακάκια
Nachttopf
γιογιό
Waschbecken
νεροχύτης

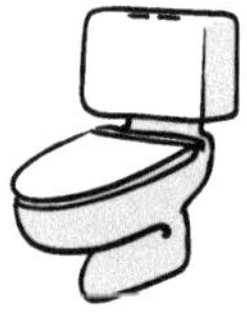

Klo
....
τουαλέτα

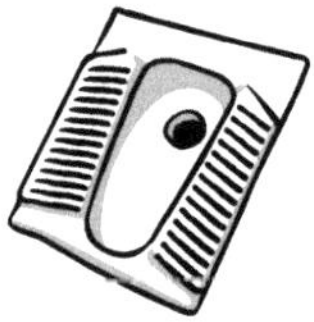

Hocktoilette
....
τούρκικη τουαλέτα

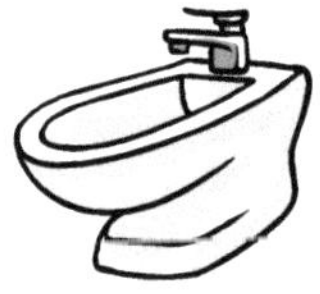

Bidet
....
μπιντές

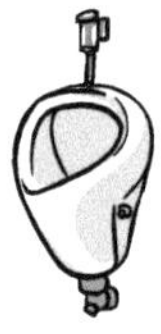

Pissoir
....
ουρητήριο

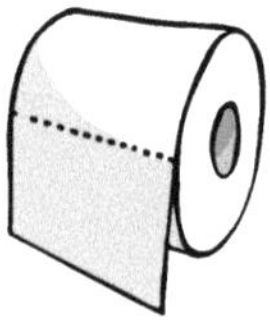

Klopapier
....
χαρτί υγείας

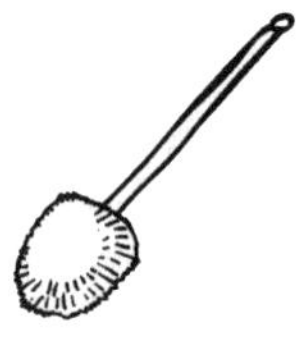

Klobürste
....
πιγκάλ

Zahnbürste

οδοντόβουρτσα

Zahnpasta

οδοντόκρεμα

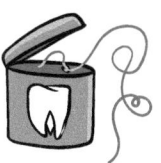

Zahnseide

οδοντικό νήμα

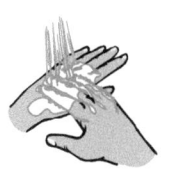

waschen

πλένω

Handbrause

τηλέφωνο ντους

Intimdusche

ντουσιέρα

Waschschüssel

λεκάνη

Rückenbürste

βούρτσα πλάτης

Seife

σαπούνι

Duschgel

αφρόλουτρο

Shampoo

σαμπουάν

Waschlappen

φανέλα

Abfluss

σιφόνι

Creme

κρέμα

Deodorant

αποσμητικό

Spiegel

καθρέφτης

Kosmetikspiegel

καθρέφτης χειρός

Rasierer

ξυραφάκι

Rasierschaum

αφρός ξυρίσματος

Rasierwasser

αφτερσέιβ

Kamm

χτένα

Bürste

βούρτσα

Föhn

σεσουάρ

Haarspray

λακ

Makeup

μακιγιάζ

Lippenstift

κραγιόν

Nagellack

βερνίκι νυχιών

Watte

βαμβάκι

Nagelschere

ψαλίδι νυχιών

Parfum

άρωμα

Kulturbeutel
νεσεσέρ

Hocker
σκαμπό

Waage
ζυγαριά

Bademantel
μπουρνούζι

Gummihandschuhe
ελαστικά γάντια

Tampon
ταμπόν

Damenbinde
πετσέτα υγιεινής

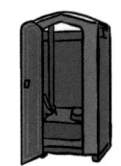

Chemietoilette
χημική τουαλέτα

Kinderzimmer
παιδικό δωμάτιο

Wecker
ξυπνητήρι
Kuscheltier
λούτρινο ζωάκι
Spielzeugauto
αυτοκινητάκι
Rassel
κουδουνίστρα
Puppenhaus
κουκλόσπιτο
Geschenk
δώρο

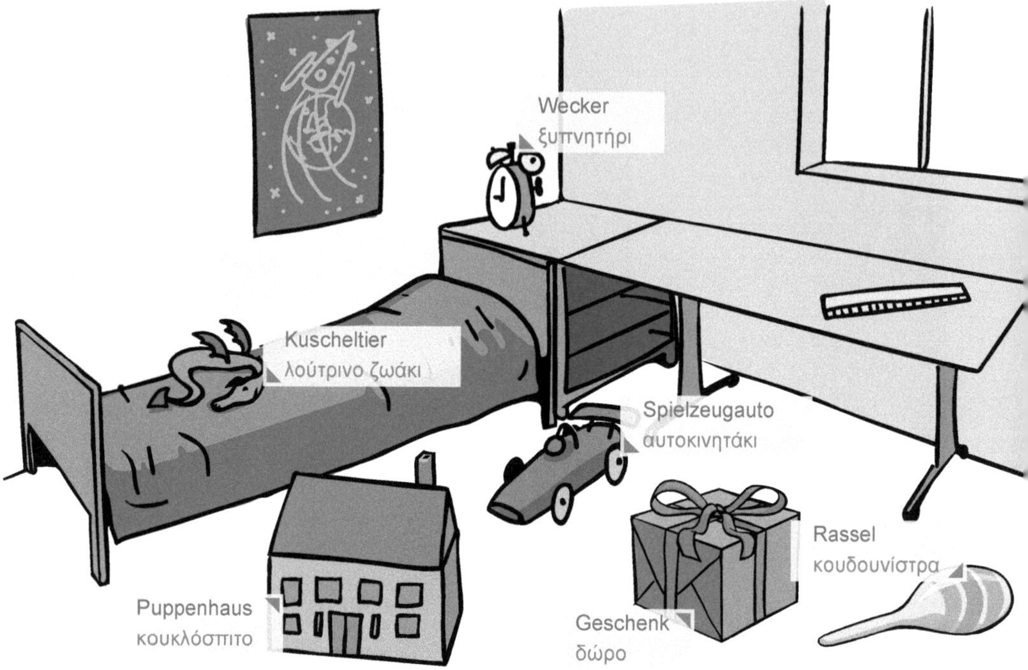

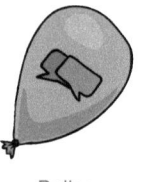

Ballon

μπαλόνι

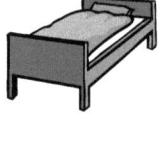

Bett

κρεβάτι

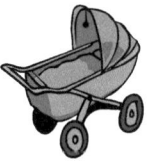

Kinderwagen

καροτσάκι

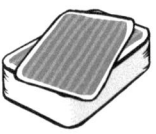

Kartenspiel

τράπουλα

Puzzle

παζλ

SUPER
MEGA

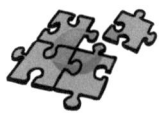

Comic

κόμικς

Legosteine

τουβλάκια lego

Bausteine

τουβλάκια κατασκευών

Actionfigur

φιγούρα δράσης

Strampelanzug

βρεφικό φορμάκι

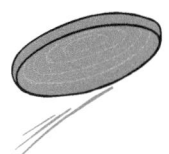

Frisbee

φρίσμπι

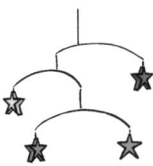

Mobile

μόμπιλο

Brettspiel

επιτραπέζιο παιχνίδι

Würfel

ζάρια

Modelleisenbahn

σετ τρενάκι

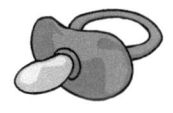

Schnuller

πιπίλα

Party

πάρτι

Bilderbuch

εικονογραφημένο βιβλίο

Ball

μπάλα

Puppe

κούκλα

spielen

παίζω

Sandkasten
σκάμμα με άμμο

Schaukel
κούνια

Spielzeug
παιχνίδια

Spielkonsole
κονσόλα βιντεοπαιχνιδιών

Dreirad
τρίκυκλο

Teddy
αρκουδάκι

Kleiderschrank
ντουλάπα

Kleidung
ρούχα

Socken
κάλτσες

Strümpfe
καλτσοδέτες

Strumpfhose
καλσόν

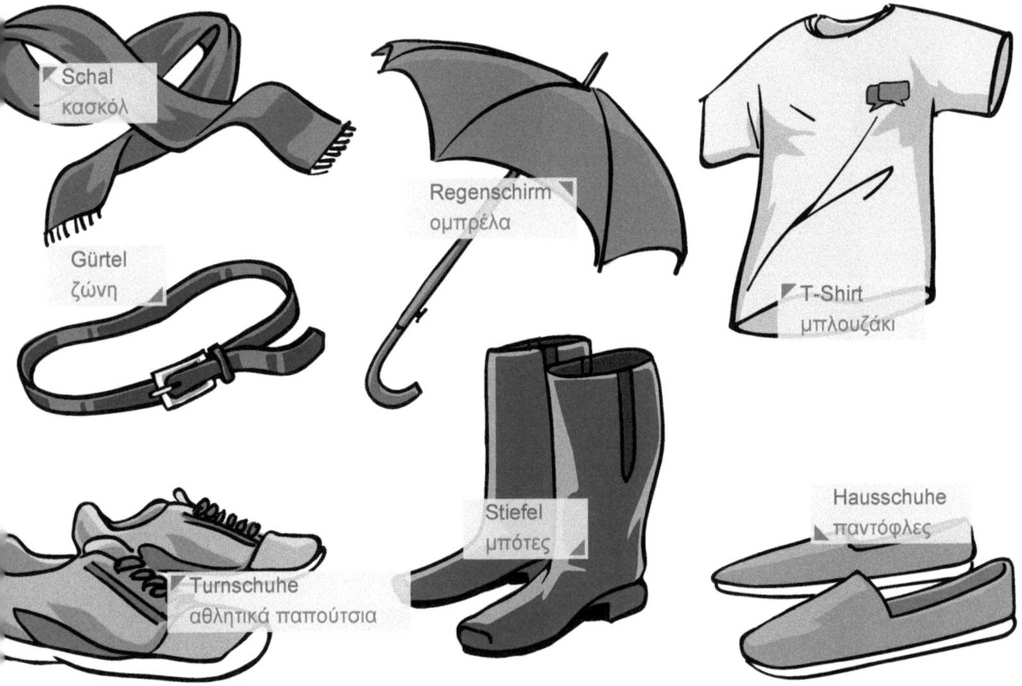

Schal
κασκόλ

Regenschirm
ομπρέλα

T-Shirt
μπλουζάκι

Gürtel
ζώνη

Turnschuhe
αθλητικά παπούτσια

Stiefel
μπότες

Hausschuhe
παντόφλες

Sandalen
σανδάλια

Schuhe
παπούτσια

Gummistiefel
γαλότσες

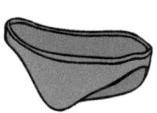

Unterhose
εσώρουχο

Büstenhalter
σουτιέν

Unterhemd
φανέλα

Body

σώμα

Hose

παντελόνι

Jeans

τζιν παντελόνι

Rock

φούστα

Bluse

μπλούζα

Hemd

πουκάμισο

Pullover

πουλόβερ

Kapuzenpullover

πουλόβερ

Blazer

σακάκι

Jacke

μπουφάν

Mantel

παλτό

Regenmantel

αδιάβροχο πανωφόρι

Kostüm

κοστούμι

Kleid

φόρεμα

Hochzeitskleid

νυφικό

Anzug

κοστούμι

Nachthemd

νυχτικό

Pyjama

πιτζάμες

Sari

σάρι

Kopftuch

μαντήλι

Turban

τουρμπάνι

Burka

μπούρκα

Kaftan

καφτάνι

Abaya

μουσουλμανικό ένδυμα

Badeanzug

ολόσωμο μαγιό

Badehose

ανδρικό μαγιό

kurze Hose

σορτς

Jogginganzug

αθλητική φόρμα

Schürze

ποδιά

Handschuhe

γάντια

Knopf

κουμπί

Brille

γυαλιά

Armband

βραχιόλι

Halskette

περιδέραιο

Ring

δαχτυλίδι

Ohrring

σκουλαρίκι

Mütze

καπέλο

Kleiderbügel

κρεμάστρα

Hut

καπέλο

Krawatte

γραβάτα

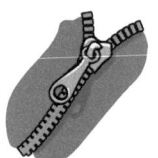

Reißverschluss

φερμουάρ

Helm

κράνος

Hosenträger

τιράντες

Schuluniform

μαθητική στολή

Uniform

στολή

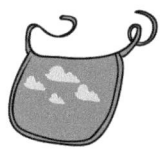

Lätzchen

σαλιάρα

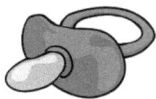

Schnuller

πιπίλα

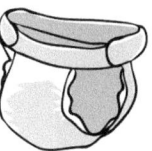

Windel

πάνα

Büro
γραφείο

Server
σέρβερ
Aktenschrank
αρχειοθήκη
Drucker
εκτυπωτής
Papier
χαρτί
Monitor
οθόνη
Maus
ποντίκι
Schreibtisch
γραφείο
Ordner
ντοσιέ
Tastatur
πληκτρολόγιο
Papierkorb
καλάθι αχρήστων
Computer
υπολογιστής
Sessel
καρέκλα

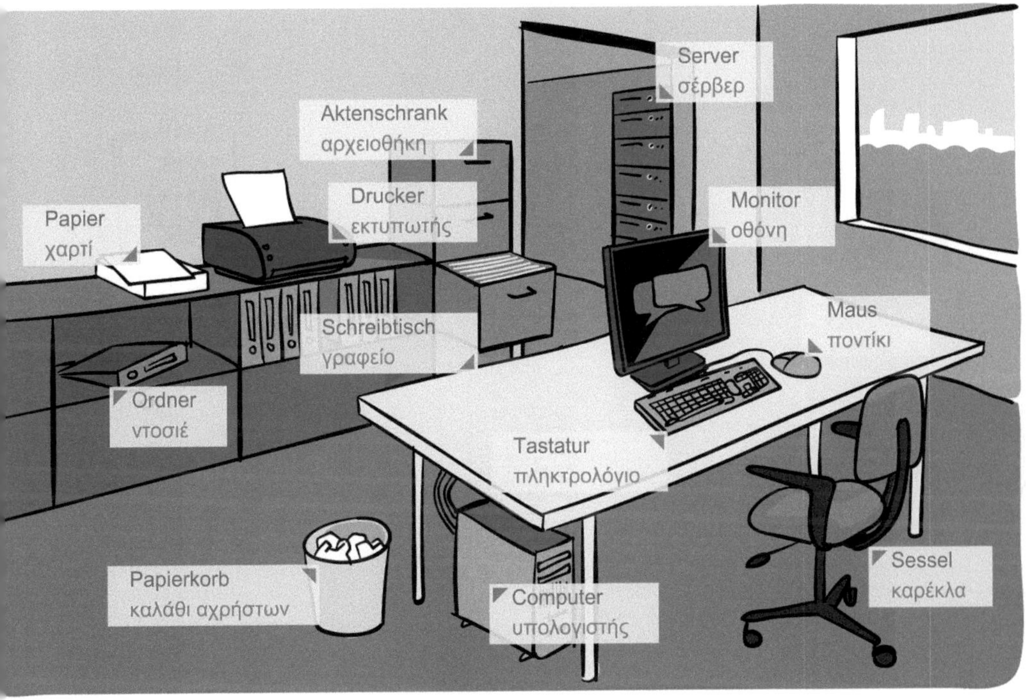

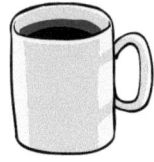

Kaffeebecher

κούπα του καφέ

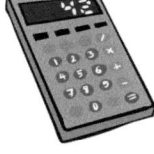

Taschenrechner

κομπιουτεράκι

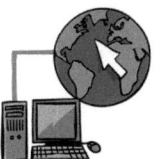

Internet

ίντερνετ

Laptop

λάπτοπ

Brief

γράμμα

Nachricht

μήνυμα

Handy

κινητό

Netzwerk

δίκτυο

Kopierer

φωτοτυπικό μηχάνημα

Software

λογισμικό

Telefon

τηλέφωνο

Steckdose

πρίζα

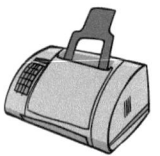

Fax

συσκευή φαξ

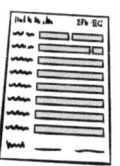

Formular

έντυπο

Dokument

έγγραφο

kaufen
αγοράζω

bezahlen
πληρώνω

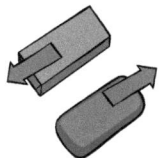

handeln
συναλλάσσομαι

Geld
χρήματα

Dollar
δολάριο

Euro
ευρώ

Yen
γιεν

Rubel
ρούβλι

Franken
ελβετικό φράγκο

Renminbi Yuan
ρενμίνμπι γιουάν

Rupie
ρουπία

Bankomat
ATM (αυτόματη ταμειακή μηχανή)

Wechselstube

ανταλλακτήρια
συναλλάγματος

Gold

χρυσός

Silber

ασήμι

Öl

πετρέλαιο

Energie

ενέργεια

Preis

τιμή

Vertrag

συμβόλαιο

Steuer

φόρος

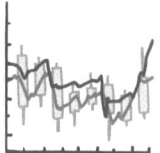

Aktie

μετοχή

arbeiten

δουλεύω

Angestellte

υπάλληλος

Arbeitgeber

εργοδότης

Fabrik

εργοστάσιο

Geschäft

κατάστημα

Wirtschaft - οικονομία

Berufe
επαγγέλματα

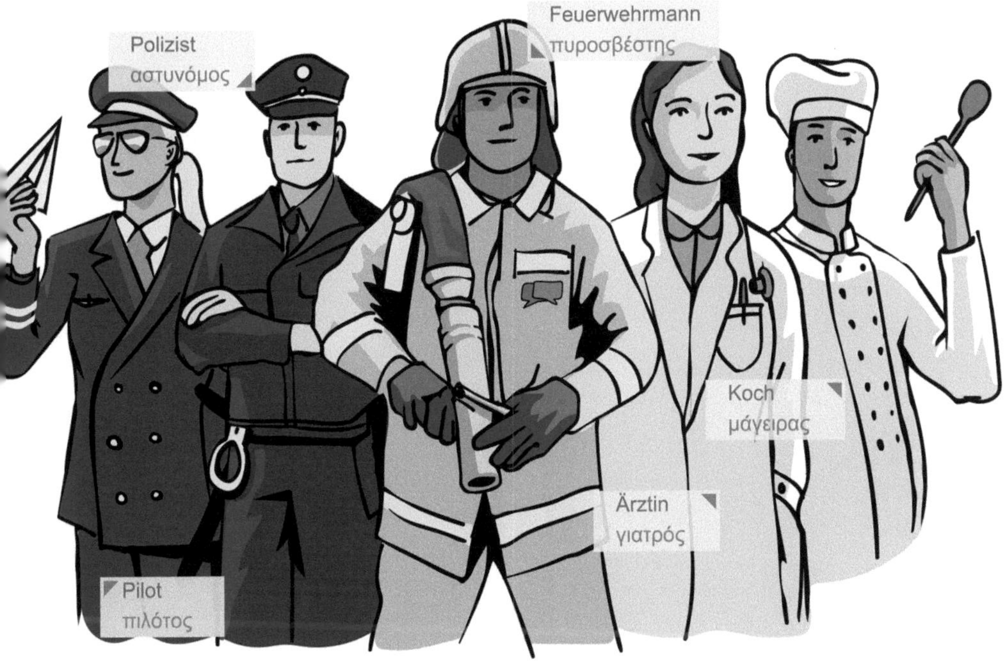

Polizist
αστυνόμος
Feuerwehrmann
πυροσβέστης
Koch
μάγειρας
Ärztin
γιατρός
Pilot
πιλότος

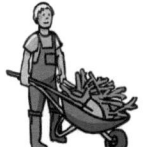

Gärtner

κηπουρός

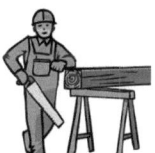

Tischler

ξυλουργός

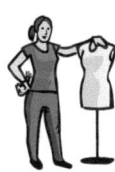

Schneiderin

μοδίστρα

Richter

δικαστής

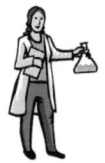

Chemikerin

χημικός

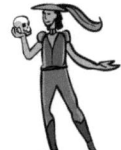

Schauspieler

ηθοποιός

Busfahrer

οδηγός λεωφορείου

Taxifahrer

ταξιτζής

Fischer

ψαράς

Putzfrau

καθαρίστρια

Dachdecker

τεχνίτης στεγών

Kellner

σερβιτόρος

Jäger

κυνηγός

Maler

ζωγράφος

Bäcker

αρτοποιός

Elektriker

ηλεκτρολόγος

Bauarbeiter

οικοδόμος

Ingenieur

μηχανολόγος

Schlachter

κρεοπώλης

Installateur

υδραυλικός

Briefträgerin

ταχυδρόμος

Soldat

στρατιώτης

Architekt

αρχιτέκτονας

Kassiererin

ταμίας

Blumenhändlerin

ανθοπώλης

Friseur

κομμωτής

Schaffner

ελεγκτής εισιτηρίων

Mechaniker

μηχανικός

Kapitän

καπετάνιος

Zahnärztin

οδοντίατρος

Wissenschaftler

επιστήμονας

Rabbi

ραβίνος

Imam

ιμάμης

Mönch

μοναχός

Pfarrer

ιερέας

Berufe - επαγγέλματα

Werkzeuge
εργαλεία

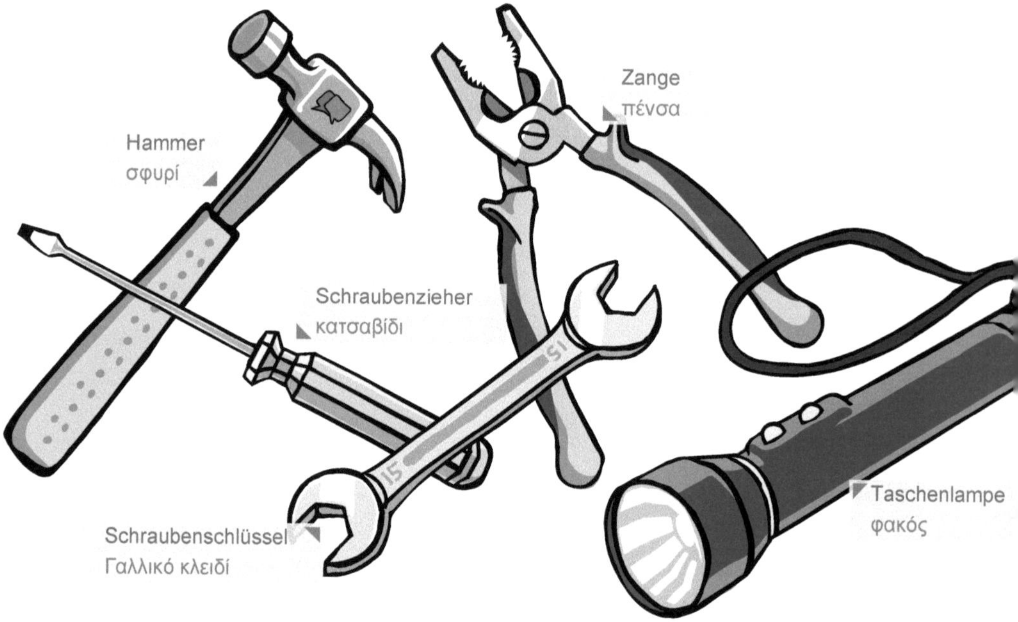

Hammer
σφυρί
Zange
πένσα
Schraubenzieher
κατσαβίδι
Schraubenschlüssel
Γαλλικό κλειδί
Taschenlampe
φακός

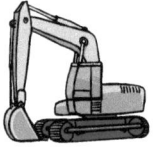

Bagger
εκσκαφέας

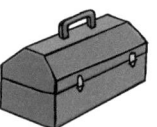

Werkzeugkasten
εργαλειοθήκη

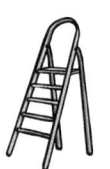

Leiter
σκάλα

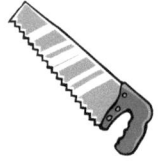

Säge
πριόνι

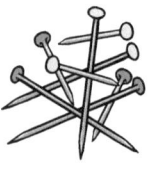

Nägel
καρφιά

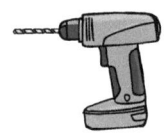

Bohrer
τρυπάνι

reparieren

επισκευάζω

Schaufel

φτυάρι

Scheiße!

Να πάρει!

Kehrschaufel

φαράσι

Farbtopf

δοχείο χρωμάτων

Schrauben

βίδες

Musikinstrumente
μουσικά όργανα

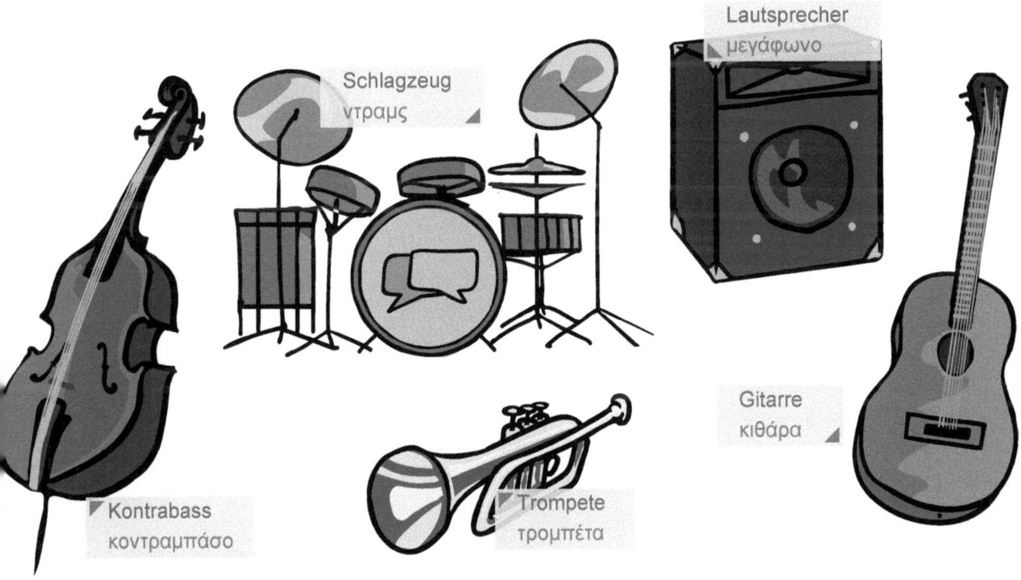

Lautsprecher
μεγάφωνο

Schlagzeug
ντραμς

Gitarre
κιθάρα

Kontrabass
κοντραμπάσο

Trompete
τρομπέτα

Klavier

πιάνο

Violine

βιολί

Bass

μπάσο

Pauke

τύμπανα

Trommeln

τύμπανο

Tastatur

πλήκτρα

Saxophon

σαξόφωνο

Flöte

φλάουτο

Mikrofon

μικρόφωνο

Zoo

ζωολογικός κήπος

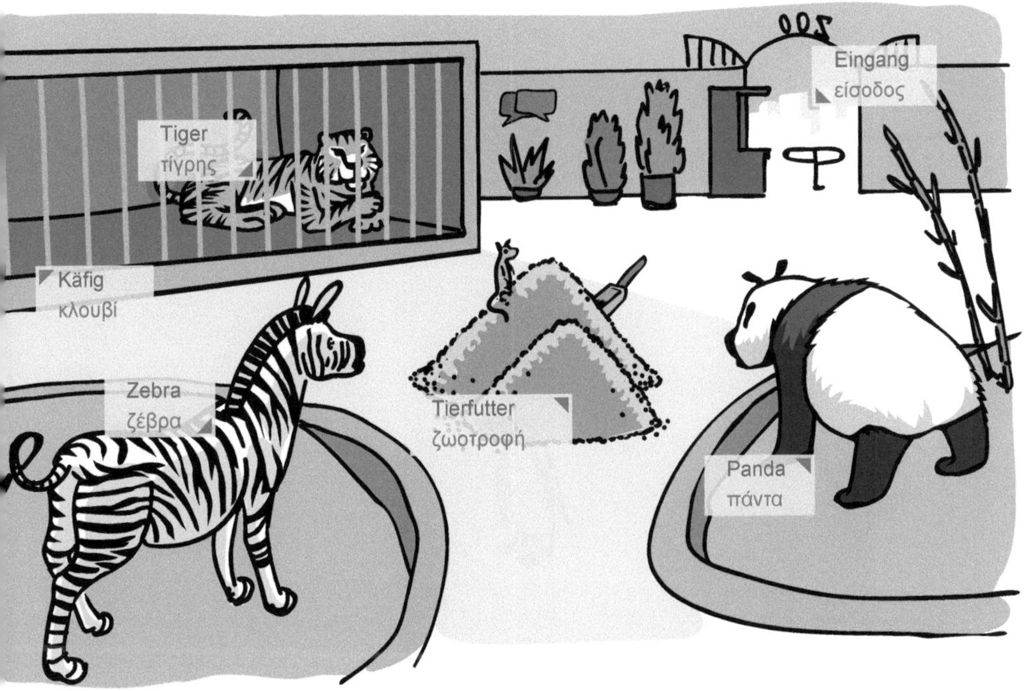
Eingang
είσοδος
Tiger
τίγρης
Käfig
κλουβί
Zebra
ζέβρα
Tierfutter
ζωοτροφή
Panda
πάντα

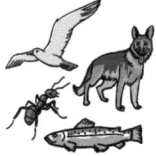

Tiere

ζώα

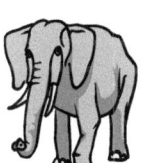

Elefant

ελέφαντας

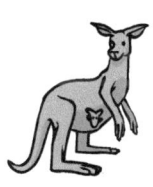

Känguru

καγκουρό

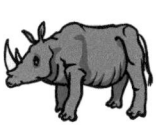

Nashorn

ρινόκερος

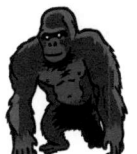

Gorilla

γορίλας

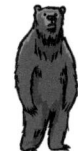

Bär

αρκούδα

Kamel

καμήλα

Strauß

στρουθοκάμηλος

Löwe

λιοντάρι

Affe

πίθηκος

Flamingo

φλαμίνγκο

Papagei

παπαγάλος

Eisbär

πολική αρκούδα

Pinguin

πιγκουίνος

Hai

καρχαρίας

Pfau

παγώνι

Schlange

φίδι

Krokodil

κροκόδειλος

Zoowärter

φύλακας ζωολογικού κήπου

Robbe

φώκια

Jaguar

τζάγκουαρ

Pony

πόνυ

Leopard

λεοπάρδαλη

Nilpferd

ιπποπόταμος

Giraffe

καμηλοπάρδαλη

Adler

αετός

Wildschwein

αγριογούρουνο

Fisch

ψάρι

Schildkröte

χελώνα

Walross

θαλάσσιος ίππος

Fuchs

αλεπού

Gazelle

γαζέλα

Zoo - ζωολογικός κήπος

American Football
Αμερικάνικο ποδόσφαιρο

Radfahren
ποδηλασία

Tennis
αντισφαίριση

Basketball
μπάσκετ

Schwimmen
κολύμβηση

Boxen
πυγχαμία

Eishockey
χόκεϋ επί πάγου

Fußball

ποδόσφαιρο

Badminton

μπάντμιντον

Leichtathletik

στίβος

Handball

χάντμπολ

Skifahren

σκι

Polo

πόλο

Aktivitäten
δραστηριότητες

lachen
γελάω
springen
πηδάω
umarmen
αγκαλιάζω
gehen
περπατάω
singen
τραγουδάω
träumen
ονειρεύομαι
beten
προσεύχομαι
küssen
φιλάω

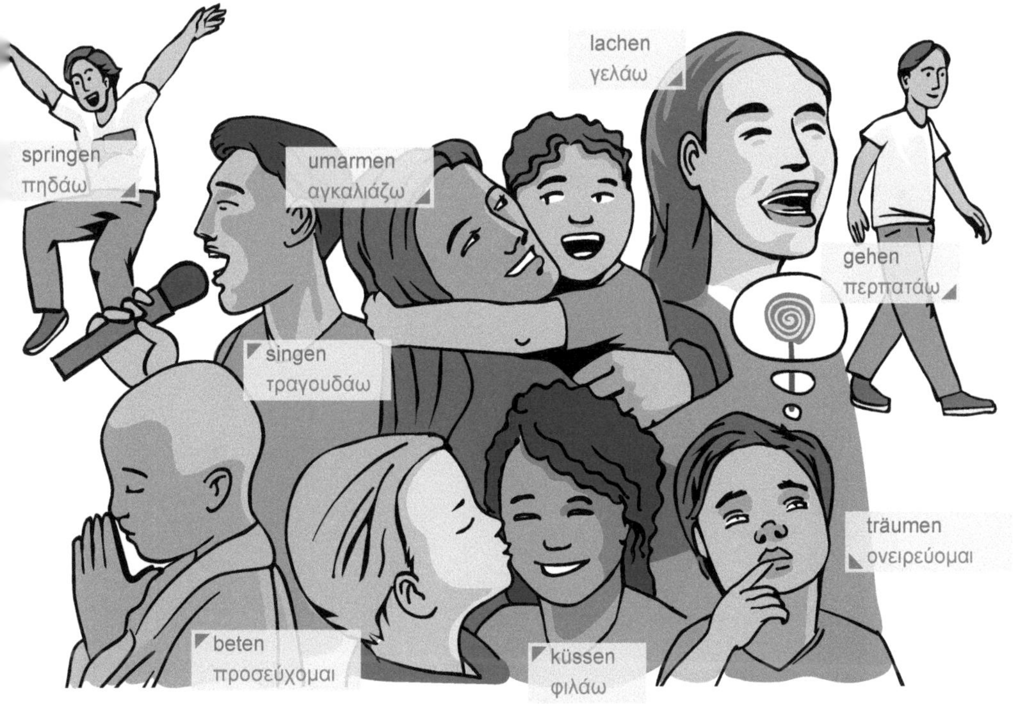

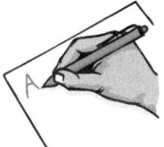

schreiben
γράφω

zeichnen
σχεδιάζω

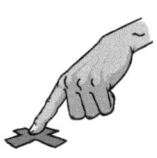

zeigen
δείχνω

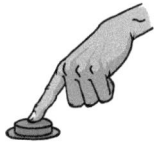

drücken
πιέζω

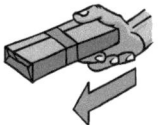

geben
δίνω

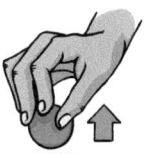

nehmen
παίρνω

haben
έχω

machen
κάνω

sein
είμαι

stehen
στέκομαι

laufen
τρέχω

ziehen
τραβάω

werfen
ρίχνω

fallen
πέφτω

liegen
ξαπλώνω

warten
περιμένω

tragen
κουβαλώ

sitzen
κάθομαι

anziehen
φοράω

schlafen
κοιμάμαι

aufwachen
ξυπνάω

ansehen
κοιτάω

weinen
κλαίω

streicheln
χαϊδεύω

frisieren
χτενίζω

reden
μιλάω

verstehen
καταλαβαίνω

fragen
ρωτάω

hören
ακούω

trinken
πίνω

essen
τρώω

zusammenräumen
συγυρίζω

lieben
αγαπάω

kochen
μαγειρεύω

fahren
οδηγώ

fliegen
πετάω

segeln

κάνω ιστιοπλοΐα

rechnen

υπολογίζω

lesen

διαβάζω

lernen

μαθαίνω

arbeiten

δουλεύω

heiraten

παντρεύομαι

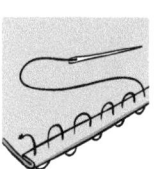

nähen

ράβω

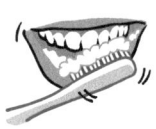

Zähne putzen

βουρτσίζω τα δόντια

töten

σκοτώνω

rauchen

καπνίζω

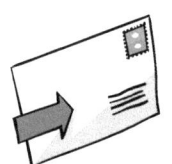

senden

στέλνω

Familie

οικογένεια

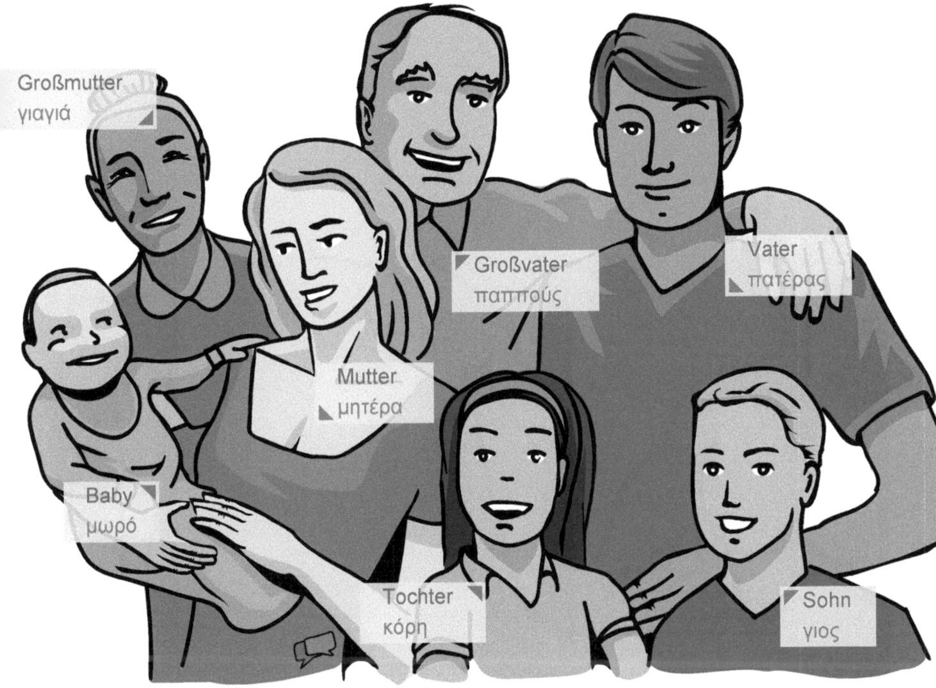

Großmutter
γιαγιά
Großvater
παππούς
Vater
πατέρας
Mutter
μητέρα
Baby
μωρό
Tochter
κόρη
Sohn
γιος

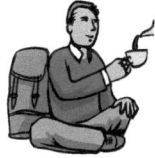

Gast

καλεσμένος

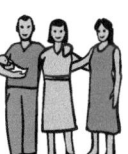

Tante

θεία

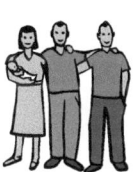

Onkel

θείος

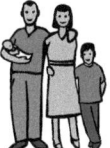

Bruder

αδελφός

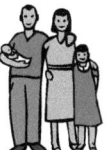

Schwester

αδελφή

Körper
σώμα

Stirn
μέτωπο
Auge
μάτι
Schulter
ώμος
Finger
δάχτυλο
Gesicht
πρόσωπο
Kinn
πιγούνι
Hand
χέρι
Bein
πόδι
Brust
στήθος
Arm
βραχίονας

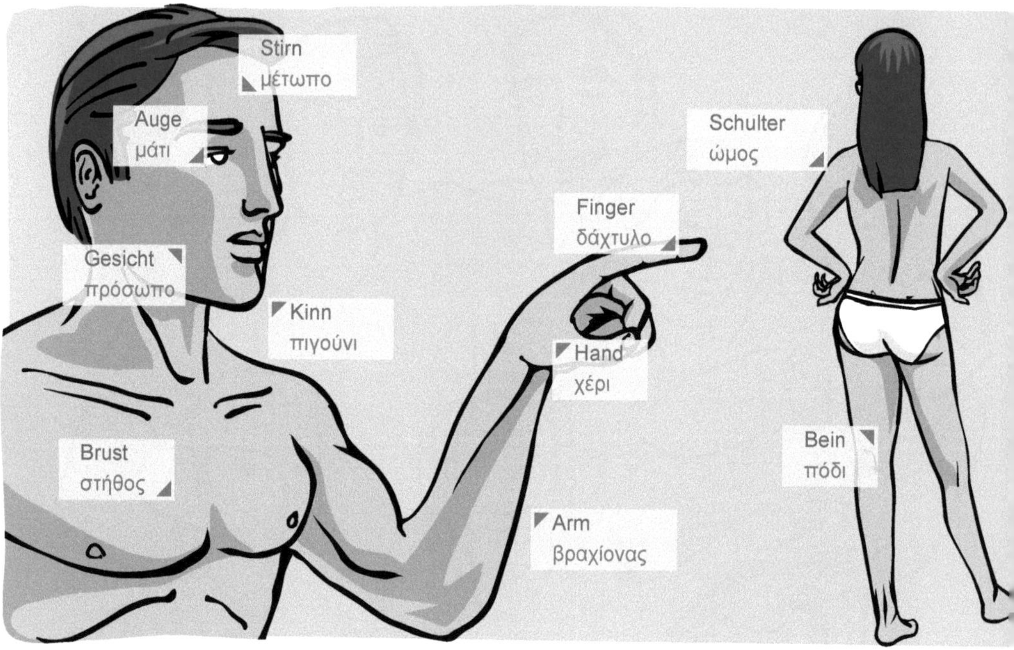

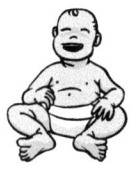

Baby
μωρό

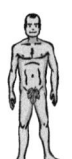

Mann
άνδρας

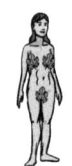

Frau
γυναίκα

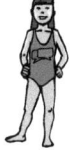

Mädchen
κορίτσι

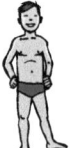

Junge
αγόρι

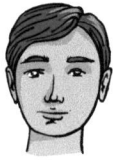

Kopf
κεφάλι

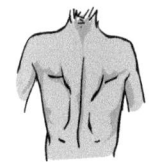

Rücken
πλάτη

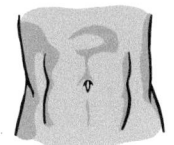

Bauch
κοιλιά

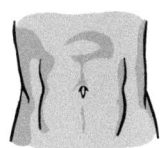

Nabel
αφαλός

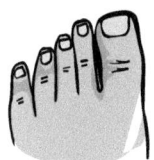

Zeh
δάχτυλο ποδιού

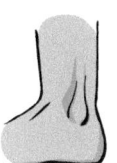

Ferse
φτέρνα

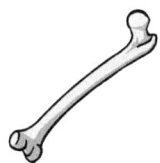

Knochen
κόκκαλο

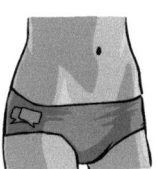

Hüfte
γοφός

Knie
γόνατο

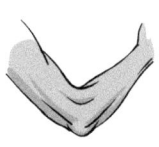

Ellbogen
αγκώνας

Nase
μύτη

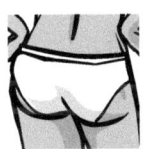

Gesäß
γλουτός

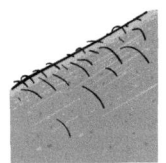

Haut
δέρμα

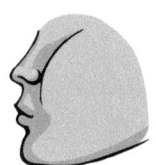

Wange
μάγουλο

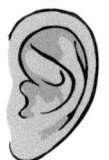

Ohr
αυτί

Lippe
χείλος

Mund

στόμα

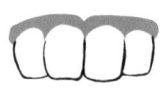

Zahn

δόντι

Zunge

γλώσσα

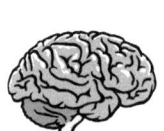

Gehirn

εγκέφαλος

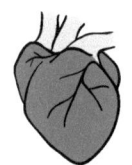

Herz

καρδιά

Muskel

μυς

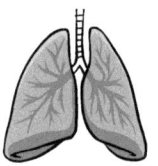

Lunge

πνεύμονας

Leber

συκώτι

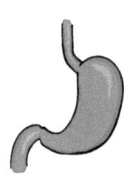

Magen

στομάχι

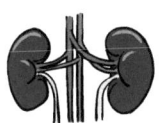

Nieren

νεφρά

Geschlechtsverkehr

σεξουαλική επαφή

Kondom

προφυλακτικό

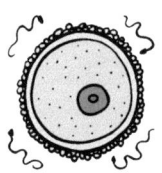

Eizelle

ωάριο

Sperma

σπέρμα

Schwangerschaft

εγκυμοσύνη

Körper - σώμα

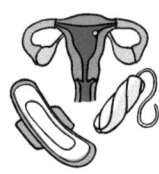

Menstruation

περίοδος

Vagina

γυναικείος κόλπος

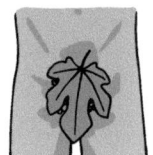

Penis

πέος

Augenbraue

φρύδι

Haar

μαλλιά

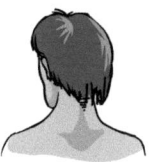

Hals

λαιμός

Spital
νοσοκομείο

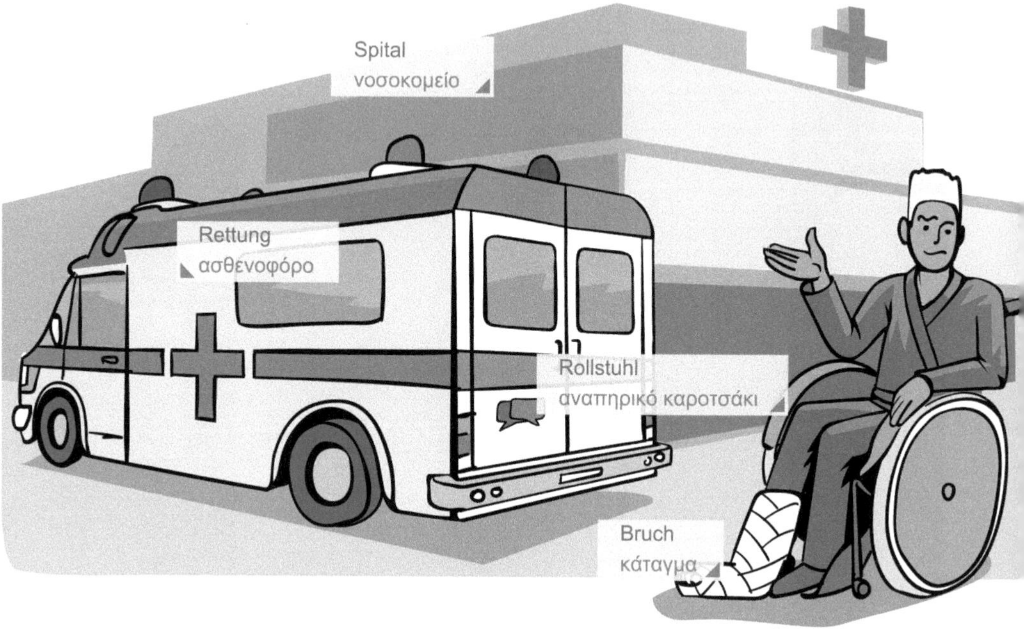

Spital
νοσοκομείο
Rettung
ασθενοφόρο
Rollstuhl
αναπηρικό καροτσάκι
Bruch
κάταγμα

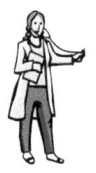

Ärztin

γιατρός

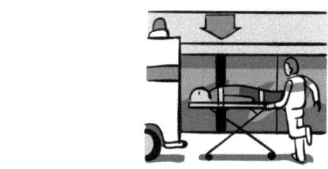

Notaufnahme

μονάδα εντατικής θεραπείας

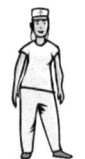

Krankenschwester

νοσοκόμα

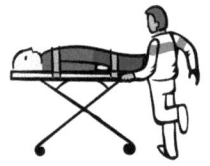

Notfall

έκτακτη ανάγκη

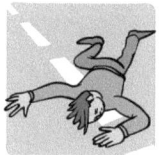

ohnmächtig

λιπόθυμος

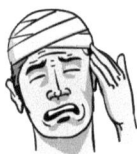

Schmerz

πόνος

Verletzung

τραύμα

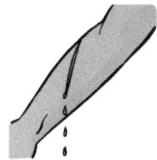

Blutung

αιμορραγία

Herzinfarkt

έμφραγμα

Schlaganfall

εγκεφαλικό

Allergie

αλλεργία

Husten

βήχας

Fieber

πυρετός

Grippe

γρίπη

Durchfall

διάρροια

Kopfschmerzen

πονοκέφαλος

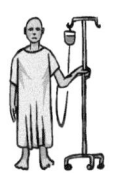

Krebs

καρκίνος

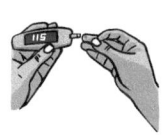

Diabetes

διαβήτης

Chirurg

χειρουργός

Skalpell

νυστέρι

Operation

εγχείρηση

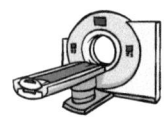

CT

αξονική τομογραφία

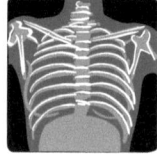

Röntgen

ακτινογραφία

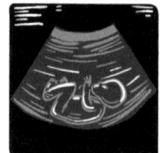

Ultraschall

υπέρηχος

Maske

μάσκα

Krankheit

ασθένεια

Wartezimmer

αίθουσα αναμονής

Krücke

πατερίτσα

Pflaster

χάνσαπλαστ

Verband

επίδεσμος

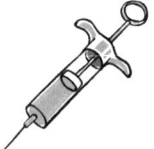

Injektion

ένεση

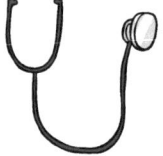

Stethoskop

στηθοσκόπιο

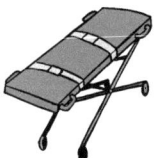

Trage

φορείο

Thermometer

θερμόμετρο

Geburt

γέννηση

Übergewicht

υπέρβαρο

Hörgerät

ακουστικό βαρηκοΐας

Desinfektionsmittel

αντισηπτικό

Infektion

λοίμωξη

Virus

ιός

HIV / AIDS

HIV/AIDS

Medizin

φάρμακο

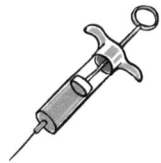

Impfung

εμβολιασμός

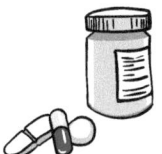

Tabletten

δισκία

Pille

χάπι

Notruf

κλήση έκτακτης ανάγκης

Blutdruckmesser

πιεσόμετρο αίματος

krank / gesund

άρρωστος / υγιής

Hilfe!
Βοήθεια!

Alarm
συναγερμός

Überfall
βιαιοπραγία

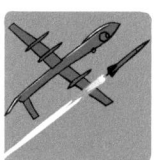

Angriff
επίθεση

Gefahr
κίνδυνος

Notausgang
έξοδος κινδύνου

Feuer!
Φωτιά!

Feuerlöscher
πυροσβεστήρας

Unfall
ατύχημα

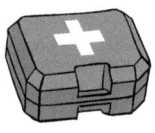

Erste-Hilfe-Koffer
κουτί πρώτων βοηθειών

SOS
SOS

Polizei
αστυνομία

Europa

Ευρώπη

Nordamerika

Βόρεια Αμερική

Südamerika

Νότια Αμερική

Afrika

Αφρική

Asien

Ασία

Australien

Αυστραλία

Atlantik

Ατλαντικός Ωκεανός

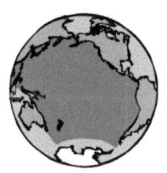

Pazifik

Ειρηνικός Ωκεανός

Indische Ozean

Ινδικός Ωκεανός

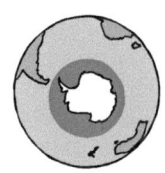

Antarktische Ozean

Ανταρκτικός Ωκεανός

Arktische Ozean

Αρκτικός Ωκεανός

Nordpol

Βόρειος Πόλος

Südpol

Νότιος Πόλος

Antarktis

Ανταρκτική

Erde

Γη

Land

γη

Meer

θάλασσα

Insel

νησί

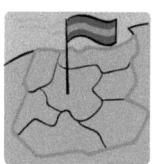

Nation

έθνος

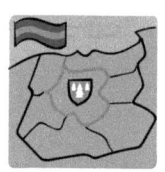

Staat

πολιτεία

Ziffernblatt

καντράν ρολογιού

Stundenzeiger

ωροδείκτης

Minutenzeiger

λεπτοδείκτης

Sekundenzeiger

δείκτης δευτερολέπτων

Wie spät ist es?

Τι ώρα είναι;

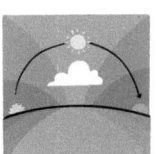

Tag

ημέρα

Zeit

χρόνος

jetzt

τώρα

Digitaluhr

ψηφιακό ρολόι

Minute

λεπτό

Stunde

ώρα

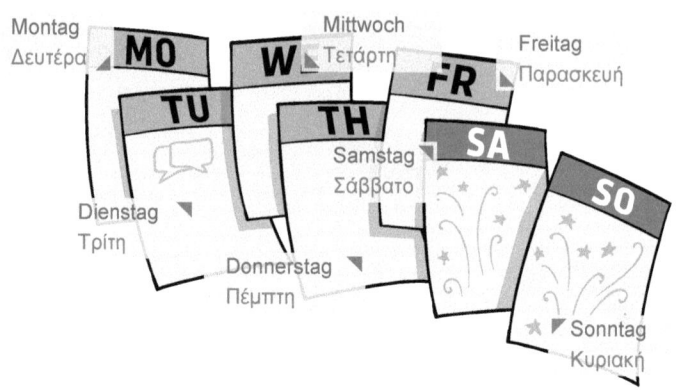

Montag — Δευτέρα
Mittwoch — Τετάρτη
Freitag — Παρασκευή
Dienstag — Τρίτη
Samstag — Σάββατο
Donnerstag — Πέμπτη
Sonntag — Κυριακή

gestern
χθες

heute
σήμερα

morgen
αύριο

Morgen
πρωί

Mittag
μεσημέρι

Abend
βράδυ

MO	TU	WE	TH	FR	SA	SU
1	2	3	4	5	6	7
8	9	10	11	12	13	14
15	16	17	18	19	20	21
22	23	24	25	26	27	28
29	30	31	1	2	3	4

Arbeitstage
εργάσιμες ημέρες

MO	TU	WE	TH	FR	SA	SU
1	2	3	4	5	6	7
8	9	10	11	12	13	14
15	16	17	18	19	20	21
22	23	24	25	26	27	28
29	30	31	1	2	3	4

Wochenende
Σαββατοκύριακο

Regen
βροχή

Regenbogen
ουράνιο τόξο

Schnee
χιόνι

Wind
άνεμος

Frühling
άνοιξη

Herbst
φθινόπωρο

Sommer
καλοκαίρι

Winter
χειμώνας

4.APRIL	11°	☀
5.APRIL	4°	🌧
6.APRIL	13°	⛈
7.APRIL	8°	☀
8.APRIL	10°	☀

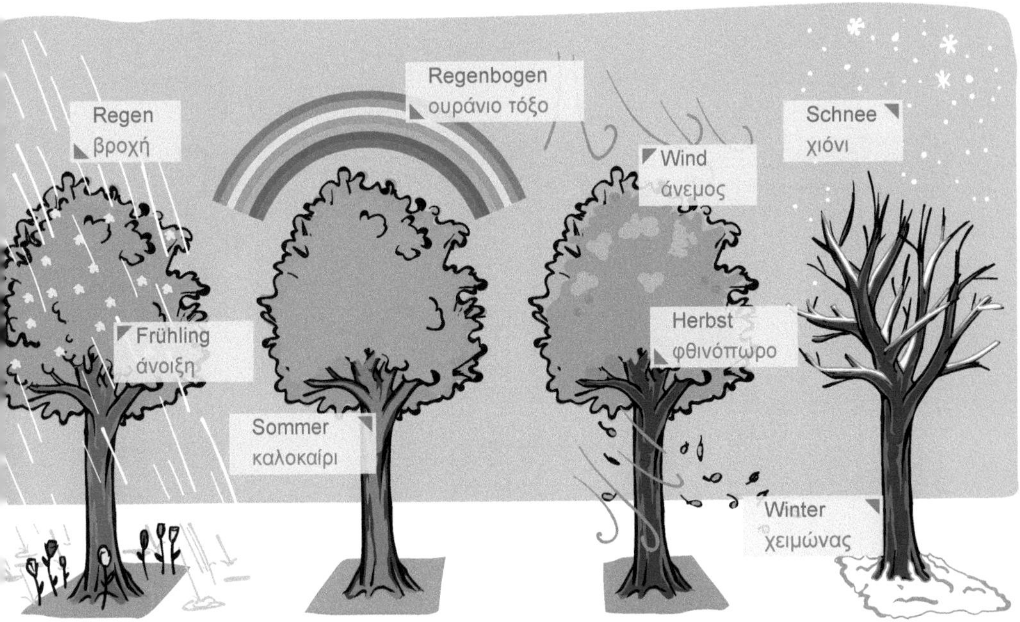

Wettervorhersage

πρόγνωση καιρού

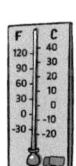

Thermometer

θερμόμετρο

Sonnenschein

λιακάδα

Wolke

σύννεφο

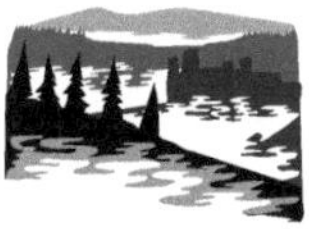

Nebel

ομίχλη

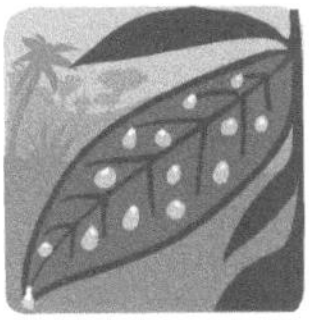

Luftfeuchtigkeit

υγρασία

Blitz

αστραπή

Donner

κεραυνός

Sturm

καταιγίδα

Hagel

χαλάζι

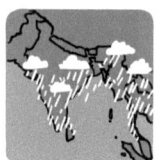

Monsun

μουσώνας

Flut

πλημμύρα

Eis

πάγος

Jänner

Ιανουάριος

Februar

Φεβρουάριος

März

Μάρτιος

April

Απρίλιος

Mai

Μάιος

Juni

Ιούνιος

Juli

Ιούλιος

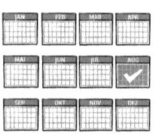

August

Αύγουστος

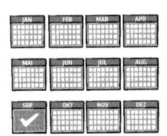

September

....

Σεπτέμβριος

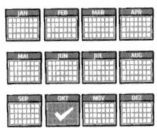

Oktober

....

Οκτώβριος

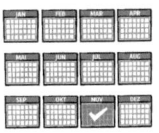

November

....

Νοέμβριος

Dezember

....

Δεκέμβριος

Formen
σχήματα

Kreis

....

κύκλος

Quadrat

....

τετράγωνο

Rechteck

....

ορθογώνιο
παραλληλόγραμμο

Dreieck

....

τρίγωνο

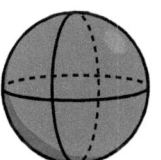

Kugel

....

σφαίρα

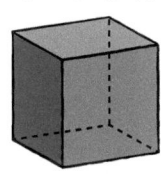

Würfel

....

κύβος

weiß

άσπρο

gelb

κίτρινο

orange

πορτοκαλί

pink

ροζ

rot

κόκκινο

lila

μωβ

blau

μπλε

grün

πράσινο

braun

καφέ

grau

γκρι

schwarz

μαύρο

viel / wenig

πολύ / λίγο

wütend / friedlich

θυμωμένος / ήρεμος

hübsch / hässlich

όμορφος / άσχημος

Anfang / Ende

αρχή / τέλος

groß / klein

μεγάλος / μικρός

hell / dunkel

φωτεινός / σκοτεινός

Bruder / Schwester

αδελφός / αδελφή

sauber / schmutzig

καθαρός / λερωμένος

vollständig / unvollständig

πλήρης / ατελής

Tag / Nacht

ημέρα / νύχτα

tot / lebendig

νεκρός / ζωντανός

breit / schmal

φαρδύς / στενός

genießbar / ungenießbar

βρώσιμος / μη βρώσιμος

böse / freundlich

κακός / ευγενικός

aufgeregt / gelangweilt

ενθουσιασμένος /
βαριεστημένος

dick / dünn

παχύς / λεπτός

zuerst / zuletzt

πρώτος / τελευταίος

Freund / Feind

φίλος / εχθρός

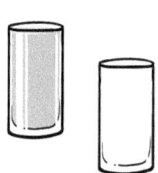

voll / leer

γεμάτος / άδειος

hart / weich

σκληρός / μαλακός

schwer / leicht

βαρύς / ελαφρύς

Hunger / Durst

πείνα / δίψα

krank / gesund

άρρωστος / υγιής

illegal / legal

παράνομος / νόμιμος

gescheit / dumm

έξυπνος / χαζός

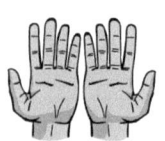

links / rechts

αριστερός / δεξιός

nah / fern

κοντινός / μακρινός

neu / gebraucht

καινούριος / μεταχειρισμένος

nichts / etwas

τίποτα / κάτι

alt / jung

γέρος | νέος

an / aus

αναμμένος / σβηστός

offen / geschlossen

ανοιχτός / κλειστός

leise / laut

χαμηλόφωνος / μεγαλόφωνος

reich / arm

πλούσιος / φτωχός

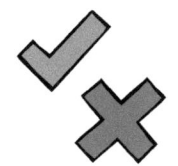

richtig / falsch

σωστός / λανθασμένος

rau / glatt

τραχύς / λείος

traurig / glücklich

λυπημένος / χαρούμενος

kurz / lang

κοντός / μακρύς

langsam / schnell

αργός / γρήγορος

nass / trocken

υγρός / στεγνός

warm / kühl

ζεστός / δροσερός

Krieg / Frieden

πόλεμος / ειρήνη

Gegenteile - αντίθετα

0	**1**	**2**
null	eins	zwei
μηδέν	ένα	δύο

3	**4**	**5**
drei	vier	fünf
τρία	τέσσερα	πέντε

6	**7**	**8**
sechs	sieben	acht
έξι	εφτά	οκτώ

9	**10**	**11**
neun	zehn	elf
εννιά	δέκα	έντεκα

12

zwölf
δώδεκα

13

dreizehn
δεκατρία

14

vierzehn
δεκατέσσερα

15

fünfzehn
δεκαπέντε

16

sechzehn
δεκαέξι

17

siebzehn
δεκαεφτά

18

achtzehn
δεκαοκτώ

19

neunzehn
δεκαεννέα

20

zwanzig
είκοσι

100

hundert
εκατό

1.000

tausend
χίλια

1.000.000

Million
εκατομμύριο

Englisch

Αγγλικά

Amerikanisches Englisch

Αμερικάνικα Αγγλικά

Chinesisch (Mandarin)

Μανδαρίνικα Κινέζικα

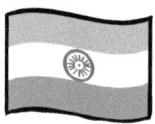

Hindi

Χίντι

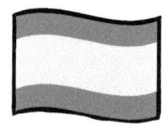

Spanisch

Ισπανικά

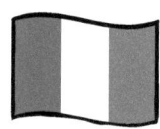

Französisch

Γαλλικά

Arabisch

Αραβικά

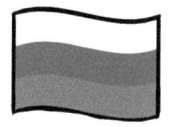

Russisch

Ρώσικα

Portugiesisch

Πορτογαλικά

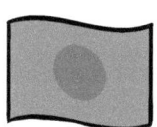

Bengalisch

Μπενγκάλι

Deutsch

Γερμανικά

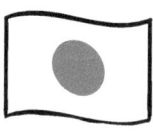

Japanisch

Ιαπωνικά

ich

εγώ

du

εσύ

er / sie / es

αυτός / αυτή / αυτό

wir

εμείς

ihr

εσείς

sie

αυτοί / αυτές / αυτά

Wer?

ποιος / ποια / ποιο;

Was?

τι;

Wie?

πώς;

Wo?

πού;

Wann?

πότε;

Name

όνομα

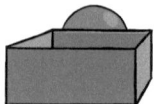

hinter
....
πίσω

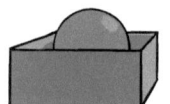

in
....
μέσα

vor
....
μπροστά

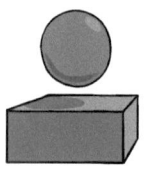

über
....
πάνω από

auf
....
πάνω

unter
....
κάτω

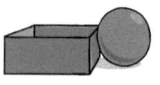

neben
....
δίπλα

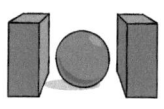

zwischen
....
ανάμεσα

Ort
....
μέρος